गीतांजलि श्री

अपने बहुचर्चित उपन्यास 'रेत समाधि' के लिए 2022 के 'अन्तरराष्ट्रीय बुकर पुरस्कार' से सम्मानित लेखक गीतांजलि श्री के पाँच उपन्यास–'माई', 'हमारा शहर उस बरस', 'तिरोहित', 'खाली जगह', 'रेत-समाधि'; पाँच कहानी-संग्रह–'अनुगूँज', 'वैराग्य', 'मार्च, माँ और साकुरा', 'यहाँ हाथी रहते थे', 'प्रतिनिधि कहानियाँ' और एक शोध-ग्रन्थ 'बिटवीन टू वर्ल्ड्स : ऐन इंटेलेक्चुअल बायोग्राफ़ी ऑफ़ प्रेमचन्द' छप चुके हैं। इनकी रचनाओं के अनुवाद कई भारतीय और यूरोपीय भाषाओं में हुए हैं। साहित्येतर लेखन ये हिन्दी और अंग्रेज़ी दोनों भाषाओं में करती हैं। थियेटर के लिए भी लिखती हैं। इन्हें 'वनमाली राष्ट्रीय पुरस्कार', 'कृष्ण बलदेव वैद पुरस्कार', 'कथा यू.के. सम्मान', 'हिन्दी अकादमी साहित्यकार सम्मान' और 'द्विजदेव सम्मान' से सम्मानित किया जा चुका है। ये रेज़िडेंसी और फ़ेलोशिप के लिए स्कॉटलैंड, स्विट्ज़रलैंड, जर्मनी, आइसलैंड, फ्रांस, कोरिया, जापान इत्यादि देशों में गई हैं। इनके उपन्यास 'रेत समाधि' को 2021 के Emile Guimet Prize की शॉर्ट लिस्ट में भी शामिल किया गया था।

सम्पर्क : geeshree@gmail.com

प्रतिनिधि कहानियाँ

गीतांजलि श्री

राजकमल पेपरबैक्स

राजकमल पेपरबैक्स में
पहला संस्करण : 2010
पाँचवाँ संस्करण : 2023

राजकमल पेपरबैक्स : उत्कृष्ट साहित्य के जनसुलभ संस्करण

राजकमल प्रकाशन प्रा.लि.
1-बी, नेताजी सुभाष मार्ग, दरियागंज
नई दिल्ली-110 002
द्वारा प्रकाशित

शाखाएँ : अशोक राजपथ, साइंस कॉलेज के सामने, पटना-800 006
पहली मंजिल, दरबारी बिल्डिंग, महात्मा गांधी मार्ग, प्रयागराज-211 001

वेबसाइट : www.rajkamalprakashan.com
ई-मेल : info@rajkamalprakashan.com

बी.के. ऑफसेट
नवीन शाहदरा, दिल्ली-110 032
द्वारा मुद्रित

मूल्य : ₹150

PRATINIDHI KAHANIYAN
Representative Stories of Geetanjali Shree

ISBN : 978-81-267-1869-6

एक खास सिग्नेचर ट्यून की कहानियाँ

यह गीतांजलि श्री की कहानियों का प्रतिनिधि संचयन है। प्रतिनिधि कहानियों का अर्थ मेरी समझ में यही है कि इसमें लेखक की अपनी टोन या कहें कि सिग्नेचर ट्यून ध्वनित हो। इस अर्थ में यह चयन कितना सटीक बन पाया है, कहना मुश्किल है क्योंकि गीतांजलि की करीब तीस एक कहानियों से ग्यारह कहानियों का चयन अपने आप में खासा मुश्किल काम है। इसलिए भी कि गीतांजलि की लगभग हर कहानी अपनी टोन की कहानी है और विचलन उनके यहाँ लगभग नहीं के बराबर है और यह बात अपने आपमें आश्चर्यजनक है क्योंकि बड़े-से-बड़े लेखक कई बार बाहरी दबावों और वक़्ती ज़रूरतों के चलते अपनी मूल टोन से विचलित हुए हैं। यह अच्छी बात है कि गीतांजलि श्री ने अपनी लगभग हर कहानी में अपनी सिग्नेचर ट्यून को बरकरार रखा है। लेकिन सवाल यह है कि गीतांजलि की कहानियों की यह मूल टोन आखिर है क्या? एक अजीब तरह का फक्कड़पन, एक अजीब तरह की दार्शनिकता, एक अजीब तरह की भाषा और एक अजीब तरह की रवानी। लेकिन ये सारी अजीबियतें ही उनके कथाकार को एक व्यक्तित्व प्रदान करती हैं। यहाँ यह कहना ज़रूरी है कि यह सब परम्परा से हटकर है और परम्परा में समाहित भी।

दिलचस्प है कि गीतांजलि श्री का पहला संग्रह था 'अनुगूँज'। उनका दूसरा संग्रह आया 'वैराग्य' और उनके तीसरे संग्रह की सबसे महत्त्वपूर्ण कहानी है 'इति'। इन तीनों संग्रहों में जीवन का एक अद्भुत तारतम्य है।

यही तारतम्य गीतांजलि श्री की रचनाशीलता में है—वहाँ जीवन है तो मृत्युबोध भी। बल्कि एक कहानी में तो वे यहाँ तक लिखती हैं कि मृत्यु जीवन का ही एक हिस्सा है।

यह तारतम्यता उनकी कहानियों में ही नहीं, उपन्यासों में भी है। इससे पहले गीतांजलि ने *माई, हमारा शहर उस बरस, तिरोहित* और *खाली जगह* जैसे उपन्यासों से अपनी व्यापक पहचान बनाई। कई बार आश्चर्य होता है कि वे कहानीकार बड़ी हैं या उपन्यासकार। 'बेलपत्र' जैसी अनोखी कहानी, 'माई', 'हमारा शहर उस बरस', 'तिरोहित' और 'खाली जगह' जैसे उपन्यास गीतांजलि ही लिख सकती हैं। पारम्परिक ढाँचे में लिखनेवाले लेखकों और पढ़नेवाले पाठकों को कई बार उनकी रचनाएँ अनबूझ लगने लगती हैं। दरअसल, हिन्दी का लेखक और पाठक अब भी कला को दोयम दर्जे की चीज़ मानता है और साहित्य में लाओत्से तुंग के शब्दों में कहूँ तो 'मूर्खतापूर्ण परिस्थितियों के मूर्खतापूर्ण समाधान खोजना मनुष्य का शाश्वत उद्योग बन चुका है।'

गीतांजलि अपनी रचनाओं में इस मिथक को तोड़ती हैं। वे कोई समाधान नहीं देतीं, न कोई उपदेश बल्कि एक शब्द, एक वाक्य और एक भाव के कई अर्थों, ध्वनियों और छवियों को पकड़ती हैं। वे समकालीन हिन्दी साहित्य में प्रतिबद्ध होने के अर्थों में प्रतिबद्ध भी नहीं हैं। हालाँकि वे प्रतिबद्धता का मखौल भी नहीं उड़ातीं। लेकिन अक्सर आलोचक भूल जाते हैं कि पॉलिटिकली करेक्ट होना रचनाशीलता की कोई शर्त नहीं होती। दुनिया के कई बड़े लेखक पॉलिटिकली इनकरेक्ट रहे हैं और अक्सर दोयम दर्जे के लेखक पॉलिटिकली करेक्ट होकर ही रह गए। हमारी अपनी हिन्दी में ही अज्ञेय और निर्मल वर्मा इसके दो बड़े उदाहरण हैं। बहरहाल, अपनी भाषाई ताज़गी के चलते गीतांजलि श्री की कहानियाँ शुरू से ही पाठकों को चकित और चमत्कृत करती रही हैं। वे सिर्फ़ नए अन्दाज़ की ही कहानियाँ नहीं लिखती हैं बलिक वे उसे माँजती हैं और कुछ नया बनाती हैं। शायद यही वह चीज़ है जो उन्हें अपने समय का बड़ा लेखक बनाती है।

उनकी कहानी 'मार्च, माँ और साकुरा' समकालीन हिन्दी की एक अद्भुत और काव्यात्मक कहानी है। एक स्त्री के स्त्रीत्व की पूर्णता की कहानी। माँ जो एक डरी हुई स्त्री है, एक जापानी युवक और प्रकृति के साहचर्य में जीना सीखती है। वहाँ जाते ही जैसे उसका कायान्तरण हो जाता है। सामान्य मध्यवर्गीय जीवन की जंजीरों में जकड़ी एक स्त्री जापान आते ही अचानक मानो एक चिड़िया बन जाती है। मार्च में साकुरा के फूल खिलते हैं और चिड़िया माँ उन्हें देखने जाती है। कहानी बताती है कि स्त्री का कायान्तर समकालीन चालू स्त्री विमर्श से नहीं बल्कि उसके अन्तर्मन के कायाकल्प से होता है जिसकी कोई उम्र नहीं।

'नाम', 'चकरघिन्नी', 'लौटती आहट', 'दहलीज' और 'दिशाशूल' को भी इसी सन्दर्भ में लिया जा सकता है। ये सभी कहानियाँ स्त्री मन के उन अव्यक्त कोनों की ओर इशारा करती हैं और उन पीड़ाओं को अभिव्यक्त करती हैं जिनकी ओर अक्सर ध्यान नहीं जाता।

'कसक' कहानी हमें एक ऐसे चरित्र से परिचित कराती है जो जीवन को भरपूर जीती है और अन्त में तेरहवीं मंज़िल से कूदकर आत्महत्या कर लेती है। मृत्यु उसके लिए जीवन का ही हिस्सा है। वह जीवन के बीचोबीच जीती है और उसी सहजता के साथ मृत्यु के बीचोबीच चली जाती है बिना एक भी आँसू बहाए।

'पिलाकी माने फय' मध्यवर्गीय जीवन के दुःखों की नहीं बल्कि उन दुःखों से उपजे हास्य की कथा है। यहाँ भाषा का खिलंदड़ापन और हास्य देखने लायक है, जबकि 'वैराग्य' मृत्युबोध और मृत्यु से पैदा हुई रिक्ति को भाषा में भरने की कथा है।

'आजकल' कहानी साम्प्रदायिक उन्माद के अन्तरलय की एक अद्भुत कहानी है। इसे आप गुजरात दंगों से जोड़कर देखें तो चीज़ें और भी साफ़ होती जाएँगी। एक हिन्दू घर के बरामदे में इस तरह बैठा है कि वह हिन्दू है, निःशंक बैठ सकता है। दरअसल वह घबराया हुआ है। घर उसके मुसलमान मित्र का है जिसे दंगों के माहौल में अचानक भागना पड़ा है। अब—एक पूर्वनिर्धारित प्लान के तहत—हिन्दू दोस्त सामने बैठा

है कि जो देखें उसे देखें, और मुस्लिम दोस्त उसकी आड़ में अपने घर में जा सके, कुछ ज़रूरी सामान निकाल पाए, अपने ही घर में चोर बनके घुसे।

इसी तरह 'बेलपत्र' पारिवारिक जीवन में साम्प्रदायिक अन्तरलय की कहानी है। एक प्रगतिशील मुस्लिम स्त्री एक हिन्दू युवक से प्रेम विवाह करती है तो कैसे समाज में व्याप्त साम्प्रदायिकता के काँटे उसे जगह-जगह से लहूलुहान कर देते हैं। यह कहानी में पूरी कलात्मकता के साथ उजागर हुआ है। 'बेलपत्र' इस अर्थ में भी अनोखी कहानी है कि यहाँ भाषा और जीवन का अन्तर्द्वन्द्व एकसार हो गया है। यहाँ संकेतों में ही यातना की एक पूरी कहानी खुल जाती है। वे लिखती हैं—'यह छोटी-छोटी लड़ाइयाँ ही असली लड़ाइयाँ हैं। बड़ी लड़ाई लड़ना आसान है। उन्हें गर्व से लड़ते हैं हम, अभिमान से मर मिटते हैं उनके लिए। पर यह छोटी लड़ाइयाँ...कीड़े की तरह घिनौनी, दीमक की तरह लग जाती हैं, खोखला करती जाती हैं...इतनी छोटी होती हैं कि बड़ी-बड़ी रौबदार लड़ाइयों से जोड़कर देखना मुश्किल हो जाता है।' ये छोटी लड़ाइयाँ ही दरअसल जीवन को एक अर्थ देती हैं। उसके बड़े यथार्थ से हमारा सामना कराती हैं।

'अनुगूँज' कहानी अपनी भाषाई तरलता के साथ दाम्पत्य जीवन में स्त्री मन की कामनाओं और उसकी घुटन को कई आयामों में खोलती हैं। एक तरफ दूधवाले की सुडौल देह के प्रति उसका आकर्षण है तो दूसरी तरफ पति की व्यस्तता के बीच उसकी अपनी घुटन की कहानी। देखा जाए तो यहाँ पारम्परिक अर्थों में कोई कहानी नहीं है लेकिन भाव, भाषा का यहाँ एक ऐसा अद्‌भुत खेल है जो दाम्पत्य जीवन के अन्तरंग यथार्थ को उजागर करता है।

'इति' और 'भीतराग' को यहाँ विशेष रूप से रेखांकित करना ज़रूरी है। 'इति' और 'भीतराग' बुढ़ापे के संत्रास और सनकों को एक साथ गुत्थमगुत्था करके लिखी गई कहानियाँ हैं। 'भीतराग' के बूढ़े गिरधारी जी बचवा ठाकुर के आने पर अपने भीतर जैसी ज़िन्दादिली महसूस करते हैं

उसे गीतांजलि श्री जैसी खुली भाषा की कथाकार ही लिख सकती हैं। सेवानिवृत्ति के बाद गिरधारी जी आराम से अपने बहू-बेटों के साथ जी रहे हैं। लेकिन वे बेवजह अपनी मृत्यु को लेकर आतंकित हैं। अचानक गाँव से आए उनसे कमोबेश ज़्यादा उम्र के बचवा ठाकुर उन्हें जीवन का एक नया अर्थ समझा जाते हैं, यानी मृत्यु कुछ नहीं, जीवन और उसका राग रंग ही सब कुछ है। कहानी कई स्तरों पर चलती है और बचवा ठाकुर उन्हें जीवन की जिजीविषा से इस कदर ओतप्रोत कर देते हैं कि कहानी के अन्त में उनकी जीभ का स्वाद जाग जाता है और वे गुलगुले खाने की फरमाइश करने लगते हैं।

'इति' में एक बूढ़े की मृत्यु का वर्णन है जो पिता है और कभी बड़ा अफसर रह चुका है लेकिन अब अपनी सनकों के चलते वह घर के लिए भार बन चुका है। उनकी मृत्यु का चित्र जिस आर्द्र निर्मोह के साथ खींचा गया है, वह देखने लायक है।

'इति' और 'भीतराग' की तरह ही 'पीला सूरज' भी मृत्युबोध की कहानी है। लेकिन अपने कथ्य और संरचना में पूरी तरह अलग। यहाँ जीवन का सहज उच्छ्वास है और मृत्यु के साथ एक भाषाई खिलंदड़ापन भी। वैसे भाषाई खिलंदड़ापन गीतांजलि श्री के लेखन का स्वभाव भी है जो उनकी हर रचना में चाहे-अनचाहे आ ही जाता है। 'चकापक उठना' जैसे नए, अनोखे और चमकीले शब्द इसी का उदाहरण हैं जो सर्वथा नई अनुभूतियों को अभिव्यक्त करते हैं। 'पीला सूरज' की प्रारम्भिक पंक्तियाँ ही आपको जीवन के विराट सत्य से साक्षात्कार करा देती हैं। वे लिखती हैं–'लगता है, कोई रिंग मास्टर कहीं अदृश्य खड़ा अपना चाबुक सड़ाक-सड़ाक चला रहा है और एक के बाद एक आइटम पेश कर रहा है। पहले मनकती हुई हवा घुस आई, फिर अँधेरे के गुबार भर गए। अब गरजते हुए बादल घुमड़ पड़े हैं। सड़ाक-सड़ाक तेजी से आते जा रहे हैं नए-नए कलाकार।' कारपोरेट जगत की एक बड़ी अधिकारी अपनी कम्पनी के लिए भारी ग्रांट के चक्कर में आई. एल. ओ. की मीटिंग में जिनेवा जाती है और उसे वहाँ अजीब-अजीब अनुभव होने लगते हैं।

रंगभेद-स्थानभेद। फिर शुरू होता है अजीबोगरीब स्मृतियों का सिलसिला जिसमें भरा पूरा जीवन है तो मृत्यु की आँखमिचौली भी। टुइयाँ की मौत और मंडाबाई की अबूझ रहस्यमयी बातें। पीला सूरज जिनेवा की घनघोर तूफानी बरसात के बाद नाउम्मीदी के बीच उम्मीद का एक प्रतीक बन जाता है।

'चकरघिन्नी' मार्निंग वाक पर निकली एक लेखिका की विरल अनुभूतियों की कहानी है। यूँ कहानी जैसा इसमें कुछ भी नहीं है। बस चालू नारीवादी मुहावरों से अलग आधुनिकता के घटाटोप में एक स्त्री के किलसते अन्तर्मन के कुछ अनोखे एहसास हैं। वह जमाने से बेपरवाह बेधड़क मार्निंग वाक पर निकलती है लेकिन लोगों की निगाहें उसे अजूबा बना देती हैं या उसे ऐसा लगता है। दूर के घेरे से धीरे-धीरे वह पास के घेरे में चलने लगती है और अन्त में तो अपनी ही हाउजिंग सोसायटी में। उसकी मारनिंग वाल की यह दास्तान एक दिलचस्प रूपक बन जाती है औरत के दर्द और शिकवों की। कुल मिलाकर स्ट्रीम ऑफ कांशसनेस शैली में लिखी यह कहानी अपने ही वजूद में चकरघिन्नी बनी स्त्री का सार्वकालिक आख्यान है।

'दरार' एक प्रतीकात्मक कहानी है जिसे प्रतीकों में ही समझा जा सकता है। कहानी का सूत्र वाक्य है कि 'कोई एक को छोड़कर दूसरे को नहीं चुनता, बस जीवन के परिचितपन से ऊबकर नए माहौल को चुनता है।' कल्पेश जो अपनी पत्नी से अलग होकर लगभग एक कीड़ा बन चुका है, बरसात की एक रात अपने घर की छत में आई दरार के चलते अपने बैरे की गैराज में पहुँच जाता है जहाँ बिस्तर पर बेतरतीबी से पड़ा बैरे की पत्नी की चोली उसे एक अजीब तरलता से भर देता है। पहले वह चुपके से उस चोली को छूता है और फिर बैरे की सुलगाई बीड़ी पीता है और स्टोव पर उसकी पत्नी के हाथ से बनी हुई चाय। उसे 'उस गुनगुनी तपिश से तर कोठरी में, टीन की छत पर गुनगुनाती बरसात के नीचे, बीड़ी और चाय पीना सुहा रहा था। टीन की छत थी, दरार नहीं पड़ सकती। चूने लगे, इसका कोई डर नहीं।'

दरअसल 'दरार', 'चौक', 'चकरघिन्नी', 'शांतिपाठ' और 'दहलीज' जैसी कहानियाँ एक अलग तरह के प्राठकीय अनुशासन की माँग करती हैं जो हिन्दी में इधर थोड़ा दुर्लभ हो चला है। ये वे कहानियाँ हैं जो पाठकों को भी रचना में साझेदारी के लिए न्यौतती हैं।

अन्त में यह कि कहानी सिर्फ़ रची जानेवाली चीज नहीं है बल्कि यह लेखक और पाठक को भी साथ-साथ रचती है, यह गीतांजलि श्री की कहानियों को पढ़ते हुए लगातार महसूस होता है। वे हर बार जिद करके उस राह पर जाना चाहती हैं जिधर कहानीकारों की भीड़ जाने से ठिठकती, सकुचाती है। इसलिए उनकी कहानियाँ न सिर्फ औरों से अलग हैं, बल्कि शब्दों से खेलनेवाली एक समर्थ कथाकार के रूप में यही उनकी शक्ति और ताज़गी का रहस्य भी है।

शशिभूषण द्विवेदी

अनुक्रम

अनुगूँज

आँख खुलने पर पाया कि राहुल उसे बाँहों में उठाए अन्दर ला रहा है।

"तुम कब बाहर चली आईं, मुझे पता भी नहीं लगा।"

"मैं जीती हूँ?" मुनिया ने उनींदे स्वर में प्रश्न किया।

राहुल हँसने लगा, "क्या मतलब, जीने की बात कर रही हो या जीतने की?" उसने धीरे-से मुनिया को पलंग पर लिटा दिया।

"हँ...हाँ..." मदहोशी की हालत में मुनिया ने पति को कसकर भींच लिया।

"दोनों, मेरी पगलेट जान, तुम जीती हो और जीती हो। तुम्हें क्या, फ़ुर्सत ही फ़ुर्सत, जीतने को। जब चाहो सोओ, जब चाहो उट्ठो। खाओ, पिओ, मौज करो। मेरे लिए पकवान बनाओ, मेरे लिए पकवान बनो।" राहुल ने शरारत से अपने दाँत मुनिया की गर्दन में गड़ा दिए।

बरसात के दिन थे। चाँद ताका-झाँकी में लगा हुआ था। कभी किसी बदली की बाँह पर टिककर एकदम करीब भटक आता, कभी बहुत दूर, झूमते पेड़ों के पीछे, चमकती टिकुली बन जाता। चाँदनी के कारण पनियल बादल कुछ-कुछ उजलापन लिए हुए थे। और स्याह अम्बर बढ़-बढ़कर उनको अपने बाहुपाश में भर लेता। बादल ख़ुद अपने पर मुग्ध, मस्तियाए डोलते रहते, आकाश में घुलने लगते।

पति की बाँहों में मुनिया को बेहद 'सिक्योरिटी' का एहसास मिला। धीरे-धीरे उस पर ख़ुमार बरसने लगा। पति के स्पर्श के नीचे वह पिघलने लगी, उसकी एक-एक सिलवट खुलने लगी, नन्ही-नन्ही तरंगों में बहने लगी। पति की लालसा में मुनिया को अपना लुभावना अक्स नज़र आने लगा। वह पति से एकाकार हो गई। पति के होंठों से अपने आपको चूमने

लगी। अपनी गोलाइयों पर उमड़ पड़ी। पति के बौराए मन से आह्लादित हो उठी। दोनों उसके हहराते सागर में डूबने लगे...।

फिर राहुल सो गया।

अचानक मुनिया के अन्तरमन में इलहाम जैसा हुआ कि यह बेहद 'सिक्योरिटी' उस बुलबुले की तरह है, जिसने हवा का एक कतरा भी नहीं जाना है।

सवेरे राहुल तेज़ी में था। फटाफट-फटाफट चाय-नाश्ता सब करके वह मुनिया के नज़दीक आया। मुनिया ने धीरे से अपनी किताब बन्द कर दी और सिर आलस्य से उसके कन्धे पर रख दिया।

"बस-बस, बहुत हुआ।" राहुल फौरन ठिठोली करने लगा, "हर वक्त रोमांस, हर वक्त रोमांस। सब तुम्हारी तरह निखट्टू नहीं हैं। काम-काजी लोग हैं। चलो हटो। पढ़ो। पहले काम फिर काम!"

राहुल उसके शरमाने का इन्तज़ार कर रहा था। मुनिया लौट आई। चेहरे पर औरत की प्यार की लाली दौड़ गई, "धत् गन्दे!"

"ओके बाय माई ओन," कहते हुए राहुल दरवाज़े की ओर मुड़ा। मेज़ पर एप्लीकेशन फॉर्म अभी भी पड़ा था। उसने प्रश्नसूचित निगाहें मुनिया पर डालीं। बोला, "चलो, आज तुम्हें कहीं घुमा लाएँ। तैयार रहना। ऑफिस से लौटकर चलूँगा। सैर कराऊँगा।" एक फ्लाइंग किस देकर वह निकल गया।

उसके जाते ही मुनिया निढाल होकर कुर्सी पर बैठ गई।

खिड़की खुली थी।

आज कौन जीतेगा? सूरज कि बरसात? पिछले कई दिनों से होड़ लगी हुई थी। कभी बादलों की फौज बूँदों के बाणों की बौछार करती और धूप को छिन्न-भिन्न कर देती, तो कभी सूरज अड़कर फिर खड़ा हो जाता और दूनी ताकत से किरणों को गोलियों की तरह दागने लगता।

मुनिया निढाल बैठी थी। राहुल के जाते ही वह अक्सर ढीली हो जाती थी कि अब क्या करे।

दिन-भर की फ़ुर्सत थी। खाने की, पीने की, सोने की। कुछ करने की।

राहुल कहता है, कुछ करो। लिखतीं क्यों नहीं? पत्रिकाओं में लेख भेजो, तुम्हारी अंग्रेजी इतनी सुन्दर है। इतनी फ़ुर्सत है, घर बैठकर ही लिख सकती हो। बाहर ऐसी फ़ुर्सत मिलेगी, इस मुग़ालते में मत रहो। दूसरे शहर में नौकरी की कोई ज़रूरत नहीं।

दो घर बनाना अच्छे-अच्छों के बूते का नहीं है, मुनिया जानती थी। वह यह भी जानती थी कि ऐसा प्यारा घर आसानी से नहीं मिलता। यहाँ तो रहने का मन करता है।

इस घर पर मुनिया पहले दिन से मोहित हो गई थी। दो तल्ले का छोटा-सा मकान। ऊपर बड़ा बेडरूम, नीचे सिटिंग रूम और गेस्ट रूम। घर को ठंडा रखने के लिए किसी आर्किटेक्ट ने मिट्टी के सकोरों को उल्टा करके अन्दर से छत में जड़वा दिया था—प्यारी-प्यारी बुन्दकियाँ बन गई थीं। मुनिया ने ढेर सारी शॉपिंग की—आदिवासियों की पछेड़ियों के पर्दे बुने, उनकी ओढ़नियों के रंग-बिरंगे मेज़पोश और पलंगपोश बिछे। पीतल के कलशों में पौधे लगे, अनाप-शनाप खूबसूरत वॉलहैंगिंग्स और बन्दनवार सजे। .ख़ुद अपनी निपुणता पर मुनिया फ़िदा हो गई।

लगा था, जैसे सारी मुरादें पूरी हो गईं।

बस यही टोना कर गया यह घर। अब क्या? केवल मौत का इन्तज़ार? मुनिया को लगने लगा, यही उसका काशी धाम है।

राहुल ने बहुत प्यार से समझाया था, "जानी, किसलिए दूसरे शहर चलें? एक दिन में यहाँ नहीं पहुँच गया हूँ, तुम भी जानती हो। बरसों के स्ट्रगल के बाद यह पोज़िशन मिली है। बोलो, छोड़ने की बात सोची भी जा सकती है?"

नहीं, मुनिया को .ख़ुद अपनी बात तुच्छ और मूर्खतापूर्ण लगी कि उसकी फ़ालतू-सी सम्भावना के लिए राहुल इतने जतन से जुटाया नसीब छितरा दे। सारी जद्दो-जहद का फल गँवा दे। जिसका न संघर्ष है, न फल है, उसके लिए।

"निठल्ली बैठने को नहीं कह रहा। तुम जानती हो, मैं वैसा नहीं हूँ। पर क्या घर के बाहर ही काम किया जा सकता है? इन सुभीतों का इस्तेमाल क्यों नहीं करतीं? इतना आराम, इतना वक़्त मिल रहा है। यह

क्या सम्पन्न औरतों का मर्ज़ पाल रही हो कि बोरियत होती है? तुम पढ़ो, मैं किताबें ला दूँगा, लिखो, जो चाहो बताता रहूँगा। इसी शहर में, घर में ही, तुम कुछ कर सकती हो।''

हर 'कुछ', 'कुछ नहीं' से तरक्की है। सही बात है। फिर उस शहर में राहुल को यहाँ से नीची पोज़िशन मिलेगी, यह बिलकुल जायज़ नहीं। फिर भी मुनिया का मन क्लान्त हो उठा।

तब राहुल अपनी पहचानी अदा से चिढ़ाने लगा, ''देखता हूँ, तेरा इलाज ज़रूरी है। ऐसे तू नहीं मानेगी। बच्चा...'' उसने खलनायक के अन्दाज़ में अश्लील लिप्सा के भाव से जीभ होंठों पर फेरी, ''एक से नहीं चलेगा। पूरी पलटन चाहिए। बोलो, कर दूँ इन्तज़ाम? अभी? इसी दम?'' और उसने पाजीपन से मुनिया का बदन दबा दिया, ''मेरी गोल-मोल, छोटी-मोटी जान!''

कॉलेज में मुनिया दुबली, छरहरी होने के ख़्वाब देखती थी। 'तनु लता', जो एक दिन किसी मज़बूत वृक्ष से चिपट जाएगी। जॉगिंग, स्किपिंग, योग, डायटिंग, नई-नई तरकीबें आजमाई जातीं। पर राहुल के आते ही वह चिन्ता काफूर हो गई। राहुल को मोटी लड़कियाँ पसन्द थीं, ''वरना मज़ा ही क्या? लड़कियों को नर्म, गुदगुदा होना चाहिए।'' उसे तो मुनिया भी दुबले की तरह दीखती। ''कोई फ़र्क ही नहीं तुझमें मुझमें। तुझसे ज़्यादा तो मेरे हैं।'' तब से मुनिया बेफ़िक्र हो गई। राहुल उसके गदराए गोरे जिस्म को निहारता है, ''मोटापा तुझ पर खूब फबेगा।'' मुनिया अपने चिकने, रुई से मुलायम, भरे-भरे बदन को सहलाती और पति की बढ़ती कामना की कल्पना करके ख़ुद सिहर उठती।

पर मुनिया निढाल बैठी थी। 'वुमैन एंड होम का इश्तिहार बन सकती हूँ,' सोचकर उसका दिल बैठने लगा। इतना सधा-सँभला सलोना जीवन।

शायद राहुल बोला था, ''जीवन जहाँ भी हो, जीवन होता है। चाहे खुले मैदान में हो, चाहे बन्द बिल में।''

मुनिया उद्विग्न होने लगी। उसके सिर में सहस्रों बेचैन उँगलियाँ टीपें मार रही थीं।

उठकर वह साबुन से कपड़े ही पीटने लगी। तमाम मैले कपड़े धो दिए। उन्हें फींचकर पीछे का दरवाज़ा खोला तो और घरों की औरतें नज़र आ गईं। सब अपने-अपने पिछवाड़े में पापड़ सुखाती हैं, अचार डालती हैं, चाँय-चाँय करती हैं। मुनिया वहाँ कपड़े फैलाती है तो अधीर हो जाती है, जैसे बेझिझक चलता लँगड़ा सहसा दूसरे लँगड़े के सामने पड़कर अपने अपाहिजपन पर विचलित हो उठे।

मुनिया हड़बड़ाकर लौट आई। सामने लॉन में चली गई। यहाँ अभी कोई नहीं था। भीगी घास में उसके पाँव हौले से घुस गए। फूलों की हल्की महक आ रही थी। घर की दीवार पर रैंबलर रोज़ज़ की लता कितनी प्यारी लग रही थी!

पर मुनिया 'हैज' पर कपड़े फैलाकर वहीं सीढ़ियों पर बैठी तो मन अभी भी परेशान था। इस नीरव सुन्दरता में कुछ तो है जो अखरता है, किरकिराता है—स्वादिष्ट दाल में कंकड़ की तरह।

इस मनोरम सुहानेपन में कहीं अज्ञान का संचार है। यहाँ लगता है, जैसे सब शान्त और सुन्दर है, समस्वरित प्रकृति है। लगता है, यही दुनिया है।

पर मुनिया ने सुन रखा है—एक और दुनिया के बारे में, जिसमें लोग कीड़े भी बनते हैं, राक्षस भी। जहाँ बेहिसाब तरीकों से लोग हारते-जीतते हैं, जहाँ 'स्ट्रगल' के बाद लोग 'पोज़िशन' पाते हैं।

राहुल उसे बताता है। राहुल वहाँ जीता है।

मुनिया को लगा, उसके पैरों के नीचे असल दुनिया का एक्सटैंशन-भर है, जो अपने आप में नीरस ही हो सकता है पर उस दूसरी दुनिया के साथ होकर सुरीला संगीतमय बन जाता है। उस दुनिया का ज़रूरी अंश हो सकता है, पर ख़ुद में दुनिया नहीं हो सकता।

अस्थिर चित्त से वह फिर भीतर लौट आई। घड़ी बारह बजा रही थी। अभी कम से कम चार घंटे और वह 'स्पेस' में डोलती रहेगी। मुनिया पढ़ती है, घर का काम करती है। सोती है, घर का काम करती है। लिखती है, घर का काम करती है। फ्रिज से मक्खन-रोटी-चीज़ खा लेती है, घर का काम करती है...। खिड़की से झाँककर मौसम का मुआइना करती है।

बरसात के दिनों की तो कैफ़ियत ही निराली है—दिन में बादलों का अँधेरा, शाम को छितरी धूप का उजाला!

थमे हुए वक़्त को भी आख़िर कुछ सूझ आई। अचानक, वह आगे बढ़ने लगा। जब वक्त चलता है तो उसकी रफ़्तार का कोई ठिकाना नहीं। घबराकर मुनिया उठ बैठी। चार बजने को आए, सारा काम समेटना है। मुनिया 'स्पेस' से 'ऑर्बिट' में लौट आई।

जब रात का खाना बना चुकी तो ख़ुद बनने-सँवरने चली। 'वॉर्डरोब' में कपड़ों की भरमार थी, राहुल जहाँ जाता वहाँ से साड़ी ले आता। एक बार तो मुनिया ने पीली शिफ़ॉन बाहर निकाली—कॉलेज में कितना पहनती थी, पीला गुलाब खिल उठता था। पर राहुल को पीला सख्त नापसन्द है। 'अबकी ये साड़ियाँ माँ के पास छोड़ आऊँगी,' मुनिया ने मन ही मन तय किया। राहुल को हरा रंग ख़ास प्रिय है। कोई भी हरा हो, सी ग्रीन, ऑलिव ग्रीन, एमरेल्ड ग्रीन, पैरट ग्रीन। मुनिया ने काली किनारी की हरी साड़ी निकाली। फिर गहनों का डब्बा टटोलने लगी। सुनहरे बुन्दे ज्यादा चटक लगेंगे। पर यह जयपुर की मीनाकारी अच्छी चलेगी। हरे और काले बुन्दे व हार। हाथों में लाख के कड़े भी डाल लूँगी।

तब मुनिया ने चेहरे पर उबटन का लेप लगाया—बेसन, सन्तरे के छिलकों का पाउडर और मलाई का। थोड़ी देर बाद वह शावर लेने घुस गई। 'कैमे' से नहाकर जब वह बाहर निकली तो उसकी सारी त्वचा दमक रही थी। भीना-भीना महकता बॉडी लोशन उसने सारे शरीर पर मला। शीशे के आगे बैठकर बखूब मेकअप किया—हल्का लिपस्टिक, हरा आई शैडो, खुली जुल्फें।

राहुल के आने के आध घंटा पहले से वह पूरी की पूरी तैयार, सिटिंग रूम में बैठ जाती थी। सिर में टीपें मारती बेताब उँगलियाँ अब तक शान्त हो चुकी थीं, हर तरफ़ प्यार की तरलता छाने लगी थी। अब मुनिया को फ़ुर्सत नहीं, वह रॉकिंग चेयर पर बैठी-बैठी राहुल की लालायित नज़रों से अपने 'फबते' रूप पर रीझ रही थी। बार-बार उसकी आँखें दरवाज़े के नीचे की दरार पर जातीं, राहुल का साया कब आएगा वहाँ?

घंटी बजने पर मुनिया मुस्करा दी। पति को हाथ से खींचकर महकती बयार के स्निग्ध घेरे में ले आई। राहुल ने उसे नाज़ुक-सा बोसा दिया, "हलो, मेरे ख़ूबसूरत फूल!" मुनिया अपने को कोमल-कोमल महसूस करके रोमांचित हो गई।

जब वह चाय लेकर आई तो राहुल सोफ़े पर निढाल पड़ा था। ऑफ़िस दूर था। रास्ते में शहर के भीड़-भाड़वाले हिस्से को पार करना होता। शाम तक उसकी पेशानी पर थकावट की रेखा उभर आती।

"थोड़ा लेट लूँ?" राहुल ने उसकी गोद में सिर रखकर कहा। सारे दिन की माथापच्ची। किसी से बकझक, किसी से तनातनी। यह आर्डर दो। वह कैंसल करो। फ़ोन की ट्रीं-ट्रीं, ट्रैफ़िक की पीं-पीं।

मुनिया धीरे से उठी। पति के सिर के नीचे 'कुशन' रखकर उसका गुसल तैयार करने चली गई। ज़रा सुस्ता ले, फिर सीधे नहाने जाएगा।

राहुल की आँख लग गई।

वैसे भी मुनिया चाहती थी कि दूधवाला आ जाए तभी वे लोग निकलें। राहुल भूलता नहीं था, उसे याद होगा कि उसने मुनिया को बाहर घुमाने का वादा किया है।

बरसात की हल्की-सी बौछार हवा के साथ अन्दर आ गई, उसके मुँह पर प्यारी-सी चपत मार गई। मुनिया खिड़की के आगे खड़ी हो गई। बारिश में उसका मन मचलने लगता है। सैलाबी उफ़ान से भरने लगता है। जी चाहता है कि बस बाहर निकल जाए, खुली सड़क पर चली जाए, चलती चली जाए, चलती चली जाए। भीगती हुई, चीखती हुई, बाँहें पसारे। पता नहीं क्या-क्या बटोरना चाहती है मुनिया, हाथ फैलाकर जो आए उसे ही समेट लेना चाहती है, इस कदर भर लेना चाहती है और भरती चली जाना चाहती है कि आगे का बटोरे तो पीछे का फिसल जाए।

मुनिया ने राहुल से एक बरसाती लाने को कहा था। पर राहुल ने वादा किया कि वह गाड़ी में उसे घुमाएगा, मूसलाधार बरसात में। अकेली निकलेगी तो अजीब लगेगा। इन सड़कों पर भेड़िए घूमते हैं, माल नोचने, खाल नोचने।

तभी दूधवाले की साइकिल की आवाज़ आई। इससे पहले कि वह घंटी बजा पाए, मुनिया दरवाजा खोलकर बाहर आ गई। हिसाब की बात करने मुनिया ने मुँह खोला। परन्तु कोई आवाज़ नहीं निकली। दिन-भर के सन्नाटे के बाद ज़बान हिलना भूल गई थी।

दूधवाला टखनों पर बल दिए पउए से दूध पतीली में डाल रहा था। सुडौल, साँवला बदन जिसकी एक-एक हड्डी पुख़्ता खाल में मढ़ी हुई थी। चेहरे पर कितनी रेखाएँ थीं, होंठों और आँखों के कोरों में जीवन और मौसम के खुले थपेड़ों की लकीरें। चेहरे पर भी हड्डियाँ उभरी-उभरी थीं और उनकी रूमानी बनावट पर कसी हुई खाल थी। कानों में ऊँचे कुंडल थे। आँखों में सजगता, ललाट पर स्वाभिमान, चाल-ढाल में गरिमा।

दूधवाले की धोती उसकी मांसल जाँघों पर चढ़ गई थी। खिंची हुई मांसल देह...। सिर के बालों पर बरसात की बूँदें चमक रही थीं। मुनिया को लगा, उसकी उँगलियों पर वे मोतियों की तरह झरेंगी। वह चौंककर उठ गई।

राहुल धीमे-धीमे खर्राटे ले रहा था। वह एक पैर का मोज़ा उतारे बगैर ही सो गया था। मुनिया ने धीरे से मोज़ा निकाला, राहुल के चेहरे पर झुके-झुके वह ठिठक गई। गीली-गीली थकान की गन्ध। राहुल के माथे पर उसके बाल अस्त-व्यस्त होकर झूल आए थे। कहीं-कहीं सफ़ेद भी पड़ने लगे थे।

मुनिया शीशे के आगे जाकर बैठ गई। बचपन से वह राहुल के लिए शीशे के आगे बैठती आई है, अपने हाव-भाव सँवारती आई है। उसने अपना आँचल 'सेक्सी' कसावट से ब्लाउज़ पर लपेटा। आदतन वह अपने नाज़-नखरे देखने लगी। हाथों को हल्के-हल्के सहलाने लगी, मानो वह नाज़ुक खरगोश हों। राहुल देख रहा है...राहुल प्यार करेगा...उसका गुड़िया-सा सुकुमार रूप। बेऐब, बेदाग़। निहायत बेशिकन...।

अचानक दूधवाले का तूफ़ान में पला रूप याद आया। एक गुदगुदाती गन्ध-सी उठी।

मुनिया हैरानी से शीशे में देख रही थी। मोम की गुड़िया पिघलने लगी। किसी कन्फैक्शनरी की सजी दुकान की तरह लगने लगी। गोल-गोल

खरोंच-रहित चिकना गात क्रीम पफ़्स की याद दिलाता था। उसका फबता शरीर पेस्ट्री की तरह फूला हुआ, चिपचिप करता लगा। वह चू रही थी, मक्खन की तरह। वह कुछ नहीं थी, केवल फच् से फट पड़नेवाला रसीला फल थी, जो किसी और के मुँह में चुस जाता है।

उसे ताज्जुब हुआ, वह आज तक लड़कियों को ही निहारती रही। उन्हीं के रूप-लावण्य की व्याख्या करती रही। पतली कमर ऐसी कि भरे बदन का वज़न सँभालना गज़ब दिखे, .खुमारी लिए धीमी-धीमी चाल, नर्म, गुदगुदा...। यह राहुल को भा सकती न?

एक बिजली-सी कौंधी। तना हुआ निर्भीक बदन, फुर्ती से सरसराते अंग, जीवन की तपिश से दिप-दिप करता चेहरा...

मुनिया आतंकित हो उठी। राहुल के पास आ गई। पर उसके माथे पर चिन्तन के गहरे चिह्न देखकर वह व्याकुल हो गई।

वह फिर शीशे में देखने लगी। एक दिन एक बुढ़िया वापस घूरेगी। यों ही, एक दिन, एक लम्बे थमे अरसे के बाद।

जीने का दरवाजा खोलकर वह छत पर चली गई। शाम की बेला धरती पर उतर रही थी। ऊपर आकाश में अभी भी उजलापन था। मुनिया ने अचरज से देखा, सामने के तालाब में किनारे के पेड़ों का प्रतिबिम्ब .खुद पेड़ों से ज़्यादा साफ़ है। पानी में उतरे उजले आकाश के कारण सफ़ेद पट पर गाढ़े चित्तों की तरह, जबकि झुटपुटा अँधेरा धरती के पास साया बनकर किनारों के पेड़ों को धुँधलाकर उनमें लोट रहा था।

बहुत देर तक मुनिया वहीं खड़ी रही।

जब लौटकर आई तो मन शान्त था, पर रीता-रीता। उसके भरे घर, भरे बदन में एक रिक्तता आ गई थी।

वह टी.वी. खोलकर उसके सामने बैठ गई। स्क्रीन पर तिरती आकृतियों को देखकर उसे कुछ हो रहा है, यह आभास मिलने लगा।

"फिर तुमने टी.वी. इस तरह चला रखा है।" राहुल डाँट रहा था, "इस चैनल पर कभी कुछ आता है?"

बाहर का झुटपुटा, पेड़ों और पर्दों के लहराते साए, हवा की थिरकन, सब मिलकर टी.वी. स्क्रीन पर हिलोरें पैदा कर रहे थे।

राहुल ने मुनिया को पास खींचा, "बहुत देर हो गई न? सॉरी, मैं थक गया था। बस अब चलते हैं, मैं दो मिनट में आया। तुम्हें घुमाने ले चलता हूँ।"

मुनिया के होंठों पर आया–'तुम ही घुमाओगे?' पर अचानक कोई स्वर ही नहीं निकला।

मन ठसाठस भरा हुआ है, इतना कि अन्दर कुछ हिलता नहीं। उलट भी दो तो भी कुछ नहीं निकलता। पर किसी तरह, ठोंक पीटकर, अँगुल-भर भी कुछ खींच दो तो बस...बाकी सब भड़-भड़, भड़-भड़ आप ही बाहर निकलता चला आएगा। रोके नहीं रुकेगा।

वह जो आज अगम्य है, तब हासिल हो जाएगा।

तब परछाईं बिखर जाएगी...

बदल जाएगी...

बेल-पत्र

सब्ज़ी बाज़ार में फ़ातिमा का पैर 'छप' से किसी गिलगिली चीज़ पर पड़ गया।

"ओफ़्..." घिन के साथ उसने पैर को अलग झटका।

"कुछ नहीं है, रीलैक्स," ओम ने झुककर देखा और दिलासा दिया, "गोबर है बस।"

पता नहीं क्यों फ़ातिमा के अन्दर ऐसा तेज़ गुस्सा फूटा, "देखो, होगा गोबर तुम्हारे लिए पाक। मेरे लिए वह उतना ही घिनौना है जितनी घोड़े की लीद।"

ओम के भीतर तक कुछ हिल गया, "फ़ातिमा, पागल हो जाओगी। इस तरह करोगी तो हर इशारे का दो में से एक ही मतलब होगा, हिन्दू या मुसलमान। 'अब भी सँभल जाओ,' ओम कराह उठा, "तुम जिस कीच में फँस रही हो, वह अभी नरम है, अभी उसमें से निकल सकती हो। पर फ़ातिमा, समझोगी नहीं तो धँसती जाओगी, और फिर वह पदार्थ ठोस हो जाएगा...तुम उसमें अटक जाओगी, हिल नहीं पाओगी, अकड़ी रह जाओगी...।"

दोनों स्कूटर पर सवार घर लौट आए।

अन्दर शन्नो चाची आई थीं, "यह लो बेटा, शिरडी गई थी, साईं बाबा का परशाद है। बहू, यह धागा बँधवा लो।"

फ़ातिमा ने चुपचाप धागा बँधवा लिया।

उसकी आँखों में अनोखी चमक थी।

उसी शाम उसने अपना सूटकेस खोला। अम्मी ने गुलाबी और हरे गोटेदार साटिन में कुशन और जा-नमाज़ लपेट दी थीं। फ़ातिमा ने खिड़की

के नीचे, कमरे के एक तरफ़ वह चीज़ें लगा दीं। नमाज़ पढ़ी और आसन एक कोने से ज़रा-सा मोड़ दिया।

रात को ओम ने अपना हाथ धीरे से फ़ातिमा के कन्धे पर रखा। फ़ातिमा ने मुँह फेर लिया। ओम ने और नज़दीक खिसककर कहा, "फ़ातिमा, यह क्या कर रही हो?"

फ़ातिमा घायल जीव की तरह छिटककर अलग हो गई, "मैं कुछ नहीं कर रही हूँ। उल्टा चोर कोतवाल को..." वह चीखते-से स्वर में बोली।

अजीब-सी हो रही थी फ़ातिमा, मानो एक बारीक़-सी परत के नीचे बस 'हिस्टीरिया' ही 'हिस्टीरिया' दबा पड़ा हो। जब तक चुप्पी, ठीक है, पर ज़रा-सी आवाज़ हुई कि परत चटकी और चीत्कार बाहर फूटा।

ओम ने उसका हाथ हलके से दबाया, "प्यारी, मैं क्या कर रहा हूँ? तुम तो हर बात का मतलब निकालने लगी हो। इतनी जल्दी बुरा मान जाती हो। पहले हम हर तरह की बात पर हँस लेते थे।"

फ़ातिमा के आँसू छलक पड़े, "पहले की बात मत करो। पहले हम कुछ और ही थे।" उसने सिसकी के साथ अपना मुँह तकिए में दबा दिया।

ओम ने उसे कस के चिपटा लिया।

"छोड़ दो मुझे, छोड़ दो!" वह रोती हुई उसकी बाँहों से निकलने को तड़पने लगी।

"नहीं," ओम ने बाँहें और कसते हुए कहा, "नहीं फ़ातिमा, कैसे छोड़ सकता हूँ तुम्हें? प्लीज़...! तुम समझ ही नहीं रहीं..."

समझ तो वह भी नहीं रहा था। उसकी मति मारी गई थी। मुँह फाड़े कोई लहर आई थी और उसे मध्य सागर में, अनजान अँधेरों में गोते खाने पटक गई थी। यह सब क्यों हो रहा है? यह सब क्या हो रहा है? उसे कुछ भी समझ नहीं आ रहा था।

सिसकती फ़ातिमा को सीने से लगाए वह मद्धिम चाँदनी में चुपचाप पड़ा रहा। पलंग के बगल में खड़े 'कैबिनेट' पर चाँद इशारा कर रहा था। फ़ातिमा की कॉलेज की तस्वीर धुँधली-सी झलक रही थी। दुबली-सी लड़की, जींस पर कुर्ता लटकाए, कुर्ते पर एक लम्बी चोटी झुलाती, हँसमुख चेहरेवाली, चपल नयनोंवाली। तब फ़ातिमा कितनी शोख हुआ करती थी!

और निडर। और बागी। होस्टल लाउंज में ही अपने अब्बा से लड़ पड़ी थी—'समाज...मज़हब...धमकाइए मत मुझे...सारी दुनिया घटिया नियम अख़्तियार करे तो भी वे सही नहीं हो जाएँगे।' दोनों ने मिलकर सबका सामना किया था। जान की धमकी देनेवाले अनाम ख़तों को हिकारत से फाड़कर फेंक दिया था। ओम की नौकरी चली गई। उस पर आरोप लगे कि वह घमंडी है और ऑफ़िस का माल निजी इस्तेमाल में लाता है। मित्रों के संग दोनों हँसे थे, क्योंकि वाकई ओम ऑफिस का कागज़, जब-तब अपने लेख टाइप करने के लिए उठा लाता था। एक के बाद एक बवाल हुआ। शहर-भर में हंगामा फैला। फ़ातिमा को तो उसके अब्बा ने ताले-चाभी में बन्द कर दिया। पर वह खिड़की से कूदकर भाग आई थी और दोनों ने शादी कर डाली थी।

ओम ने गहरी साँस ली। ऐसा लगा था कि एक डरावने दौर का अन्त हुआ था, एक ख़तरनाक कहानी खत्म हुई थी। पर न जाने कैसे उस कहानी का अन्त एक नई शुरुआत बन गया।

सवेरे आँख खुली तो फ़ातिमा नमाज़ पढ़ रही थी।

"ये क्या?" ओम के तन-बदन में आग लग गई। उसने झपटकर जा-नमाज़ खींच ली और फ़ातिमा को घसीटकर खड़ा कर दिया, "ये क्या कर रही हो?" वह दाँत पीसकर बोला, "अब यही कसर बाकी है?"

"छोड़ दो मुझे!" फ़ातिमा की आवाज़ काँप रही थी। उसकी आँखों का दृढ़ संकल्प देखकर ओम थर्रा उठा। फ़ातिमा झटके से वापस जा बैठी।

नाश्ते पर दोनों चुप थे। ओम अपने चेहरे के आगे से अखबार हटाता तो केवल एक और कौर मुँह में डालने के लिए। जब फ़ातिमा ख़ाली प्लेटें उठाने लगी तब उससे नहीं रहा गया।

"रुको।"

फ़ातिमा ठिठक गई, सिर बिना उसकी तरफ़ घुमाए।

"जाओ," ओम गुर्राकर बोला, "जब सुनने से पहले ही तय कर चुकी हो कि सुनोगी नहीं, तो क्या फायदा?"

फ़ातिमा सट्-सट् साड़ी फड़फड़ाती रसोई में घुस गई। वह वाकई कुछ भी सुनने को तैयार नहीं थी। सारा दर्द, सारी कुंठा, उसने अब इसी एक

बिन्दु पर न्योछावर करने की कसम खा ली थी—अपनी एक पहचान पर, क्योंकि उसे लग गया था कि कोई उसे पहचानता नहीं है, मानता नहीं है। या तो बस बर्दाश्त करता है या फिर ज़लील करता है। उसे अपनी अस्मिता की खोज हो आई। ठीक है, वह भी दिखा देगी, वह क्या है।

ओम का हाथ फिर उसके कन्धे पर था। ''फ़ातिमा!'' उसकी आवाज़ रुँधी-रुँधी थी।

फ़ातिमा तड़प उठी। ओम की कोमलता वह सह नहीं सकती। इसी तरह वह हिलगा देता है। वह उम्मीद और विश्वास में बैठ जाती है कि उसे मंजूर किया जा रहा है। नहीं चाहिए यह नरमी। चीख लो। मार लो। पर... ।

''फ़ातिमा, कुछ तो सोचो। तुम समझती क्यों नहीं हो कि क्या कर रही हो? सारा जग इठलाएगा कि उन्हें तो हमेशा पता था तेल और पानी का मेल कब हो पाया है।...तुम सँभलती क्यों नहीं...? हमने एक-दूसरे से प्यार किया है। धर्म से परे।...तुमने क्यों ठान लिया है कि दुनिया के रचे झूठे भँवर में हम फँस जाएँ?...तुली हुई हो हमें हिन्दू-मुसलमान दिखाने में।...फ़ातिमा, तुम जहर को मरहम समझ रही हो। प्लीज़ फ़ातिमा, प्लीज़... । जिसमें से लड़कर निकल आए थे उस गढ़े में गिर जाना चाहती हो?...हम तो बेइंसाफी से लड़नेवालों के लिए एक ताकत बन गए थे, 'सिंबल', 'सिंबल' ऑफ विक्टरी...''

फ़ातिमा तिलमिला उठी, ''हाँ-हाँ, 'सिंबल' हैं। बस 'सिंबल' बनके रह गए हैं। मुर्दा 'सिंबल'। और कुछ नहीं रहे। जैसे तिरंगे झंडे पर बना चक्र।...ओम, मैं इंसान हूँ, फरिश्ता नहीं। सुना? समझे?...सुन लो ओम, मुझे मेरी दुनिया चाहिए, इंसानोंवाली।...डू यू अंडरस्टैंड... । जिसमें तरह-तरह के रिश्ते हैं, दूर के, करीब के। मुझे चार जिगरी दोस्तों के सहारे नहीं जीना है। ओम...ओम, तुम बेवकूफ हो...ज़िन्दगी एक ज़रा-से 'इंटीमेट' घेरे में नहीं जी जाती। हर पल की यह 'इंटीमेसी'...सब्र इतने नज़दीक...सब एक-दूसरे के बारे में सब कुछ जानते हुए... । ओम, मेरा दम घुटता है। साँस लेने के लिए थोड़ा दूर होना पड़ता है। मुझे यह चाहिए...यह सब चाहिए... ।''

ओम उत्तेजित होकर बोला, "'सब' किसे कह रही हो? इस तरह क्या तुम 'सब' पा जाओगी? फ़ातिमा, तुम अपने आपको भी खो दोगी। जिसे 'सब' समझ रही हो, वे हैं बेजान सिंबल्स।...तुम डर गई हो...।"

फ़ातिमा झटके से वहाँ से चली गई।

वह सच ही बहुत डरने लगी थी। बेकार में ही घबराहट की लहर उसके बदन में सिहर उठती। रातों को नींद खुलती तो वही जानी-पहचानी आवाज़ें—नल से गिरती टप-टप बूँदें, हवा से धीमे-धीमे खड़खड़ाती खिड़की, दूर सड़क पर जाती ट्रक की आवाज़—वह अँधेरे में ही डरकर झाँकने लगती...कौन है, क्या है...?

कभी ख़्वाब देखती—अम्मी के कमरे में दाखिल हुई। अम्मी चुपचाप काम कर रही हैं। कहीं जानेवाली हैं। चेहरे पर भाव शान्त संयमित है; और फ़ातिमा उनसे कहने को तड़प रही है, उनकी सुनने को बिलख रही है। पर अम्मी बात ही नहीं करतीं, पथराई-सी हैं। उनका क्या होगा? फ़ातिमा डरने लगती, अजीब-सी घुटन उसे डसने लगती, वह टूटती जाती। टूट रही है, चीख रही है। चेहरे की हर बनावट उस चीख में बिगड़ रही है।

अचानक वह जाग जाती। उस चीखते, विकृत चेहरे पर पड़ा यह शान्त, स्थिर, सिलवटरहित सोकर जागा चेहरा...। वह और भी अधिक डर जाती।

फ़ातिमा कुर्सी पर बैठ गई। पस्त। उसकी हिम्मत चूर हो गई थी। अपने किए के नतीजे को नहीं जानना चाहती थी। आदर्श लड़ाई अब बहुत हुई। उसे लग रहा था, उसमें सिर उठाने की ताकत नहीं रही। हर पौधे को पनपने के लिए मिट्टी चाहिए, हवा-पानी चाहिए। वह मुरझाने लगी थी। ओम कहता था, उसे कोई हक नहीं कि हर झोंके पे ज़रा और झुक जाए, इतनी कमज़ोर साबित हो। समाज से लोहा लिया है तो बंजर ज़मीन पर उगना पड़ेगा। नहीं तो पहले ही किसी बेल की तरह कहीं पेड़ या दीवार से क्यों नहीं चिपट गई?

बहुत हो गईं ये कोरी बातें। फ़ातिमा का सिर भन्ना उठा। उसे लगा, किसी और ज़िन्दगी में वह अपनी इस कमज़ोरी को कोस लेगी। अभी तो

बस वह अपनी एक जगह चाहती है, अपनी पहचान माँगती है, अपनों को पाने के लिए तड़प रही है।

किसी ने घंटी बजाई। फ़ातिमा ने नज़र उठाई। शन्नो चाची थीं।

सोमवार था। चाची हर सोमवार आ जाती थीं। अम्मा के नाम पूजा कर जाती थीं।

दो बरस अम्मा मुँह फुला के बैठ गई थीं। पर बेटे से कौन माँ अलग हो पाती है! देखते ही देखते सारी अकड़ चम्पत हो गई और बेटे के घर आना-जाना शुरू हो गया। तभी शन्नो चाची भी आने लगीं।

अम्मा तो फ़ातिमा को जी-जान से प्यार भी करने लगीं।

कभी शन्नो चाची ने आँखें मटकाकर कहा था, "क्यों री, तेरी बहू की आवाज़ तो बड़ी सुरीली है। वरना मैं तो आवाज़ से हिन्दू-मुसलमान बता देती हूँ।"

अम्मा ने फ़ातिमा के गाल पर हाथ फेर के कहा था, "मेरी बहू किसी कोने से मुसलमान है ही नहीं।"

फ़ातिमा ने पूछ लिया, "मैं भी तो सुनूँ आवाज़ में क्या रहस्य है?"

चाची ने हाथ नचाया, "भई मुसलमानिन हमेशा भोंडी आवाज़ ही पाती है। आदमियों-जैसी! भारी!...वह मालिन नहीं आती है?"

फ़ातिमा ने तपाक से कह दिया, "आवाज़ तो आवाज़ ठहरी, हिन्दुओं के तो आदमी ही औरतों-जैसे हैं, पिद्दे...से!"

बाद में ओम और फ़ातिमा अपनी मित्रमंडली में इस किस्से पर ठहाके मारके हँसे थे। ओम के पाँच फीट सात इंच के पुरुषत्व की लम्बी खिंचाई की गई थी। फ़ातिमा ने खुद को फ़तेह खाँ फ़नकार कहकर कोई जोशीला गाना सुना दिया था।

आए दिन ऐसे किस्से होते थे जिनको लेकर मित्रों में छेड़छाड़ चलती। सब मिलकर संसार की रीतियों पर ताज्जुब करते। ओम के बाबा कहा करते थे कि राह चलते कभी साँप और मुसलमान मिल जाए तो पहले मुसलमान का खात्मा करो, फिर साँप का! ओम तब बनिए और पठान का चुटकुला सुनाता कि बनिया पठान के सीने पर सवार घूँसे पे घूँसे जमाए जा रहा है और फफक-फफककर रो रहा है कि रुके तो

कैसे, क्योंकि वह रुका नहीं कि पठान उठकर उसे वह पटकेगा...वह पटकेगा...!

कभी ओम फ़ातिमा को चिढ़ाता, "इधर आ मुसलटी, देखें तो तेरे बदन से कैसी बू आ रही है, पानी से बैर करनेवाली!"

फ़ातिमा इतरा के अलग हो जाती, "जा-जा काफ़िर, दो बूँद छिड़क ले और स्वच्छता का राग अलाप। बड़ा आया, ढोंगी धर्मात्मा कहीं का!"

तब और दोस्त मिल जाते, "ना-ना भाभी, नहाने की बात तो छोड़। वह तो गनीमत है, इतनी गर्मी है कि तुम्हें भी नहाना पड़ता है। पर उसका क्या जो हर मांस खानेवाले जानवर की बू होती है?"

"हैं? यह क्या बकवास है?"

सब हँसते, "क्यों, हमारी गाय महकती है? कभी नहीं। और शेर? और मुसलटा?"

"और घोड़ा?" फ़ातिमा ताली पीटकर हँसती।

सब मज़े में झूम उठते। कभी लोगों के दिमाग पर हँसकर, कभी चौंककर। क्या-क्या नहीं प्रचलित कर देते हैं, कुछ भी मान लेते हैं।

पर शन्नो चाची तो शहद से लीपकर व्यंग्य कसती थीं। उन्हें तो 'फ़िट' करना ही था। लेकिन अम्मा कभी ऐसा-वैसा नहीं बोलती थीं। उन्होंने तो बस एक बार बहू बना लिया तो फिर स्नेह ही बरसाया।

फिर अचानक उनका देहान्त हो गया। ओम एकदम टूट गया। अम्मा को याद करके नन्हे-से बच्चे की तरह रो पड़ता। फ़ातिमा भी रोने लगती। अम्मा याद आतीं। फिर अम्मी और अब्बा का ख़याल भी आ जाता। न जाने किस हाल में होंगे। इधर-उधर से कोई उड़ती खबर आ जाती थी। ख़ालूजान के पास गए हैं...नदीम की शादी कर दी...मोतिया का ऑपरेशन हुआ है...वगैरह। एकदम कट चुकी थी उनसे फ़ातिमा। कभी...कुछ हो गया तो...?

ओम ने अम्मा की तस्वीर फ्रेम करा के टाँग ली। शन्नो चाची ने उसी के बगल के आले पर उनके सबसे प्रिय भगवान–शंकर–का फोटो खड़ा कर दिया। कभी-कभार आतीं तो हाथ जोड़ लेतीं। देखते ही देखते वह कोना एक पूजा-स्थल बन गया। पार्वती और गणेश भी आ गए।

सामने पीतल की एक तश्तरी में शिवलिंग, गंगाजल, अगरबत्ती और दीया सज गए।

अम्मा की याद से कुछ ऐसी जुड़ गई थी यह पूजा कि ओम ने कभी उँगली नहीं उठाई। फ़ातिमा और वह आरती भी ले लेते और शन्नो चाची के कहने पर आले की तरफ़ जूता-चप्पल पहनकर न जाते।

बहुत दिनों तक चाची नहीं आती हैं तो ओम अधीर लगने लगता है, फ़ातिमा को ऐसा वहम था। एक ऐसे ही दिन उसने पूछा, "मैं फूल बदल दूँ?"

ओम क्षण-भर चुप रहकर बोला था, "ठीक है, अम्मा को अच्छा लगता था।"

फ़ातिमा ने नहाकर चाची की तरह सिर पर पल्लू डाल लिया। केले के पत्ते पर गुड़हल, गुलाब और मोगरा धो लाई और शिवजी के लिए बेल-पत्र। दूध से शिवलिंग को नहलाया, फूल-पत्र चढ़ाए, दीया जलाया। उसके मन से हूक-सी उठी—'अम्मा...अम्मी...अब्बा...!'

अगली बार चाची आईं तो पूछने लगीं, "यह पूजा किसने की?"

"मैंने।" फ़ातिमा ने बताया।

चाची कुछ बोली नहीं, पर हर सोमवार को आने लगीं।

"क्यों बहू, ओम ऑफिस गया?"

"हाँ चाची।"

"और तूने वह धागा तो नहीं उतारा? हाँ, उतारना नहीं, तेरी गोद भरेगी।"

"धागे से नहीं चाची, हमारी मर्ज़ी से भरेगी।"

"अरे तो मर्जी तो है ही।" चाची ने पूजा के आले पर से घी उतारा और चढ़ावे के लिए थोड़ा-सा हलवा बनाया। पूजा की।

किसी जन्माष्टमी में नीचे के आले को साफ करके कृष्ण-झाँकी भी बना गई थीं। तभी फ़ातिमा ने, जैसे अम्मा बनाती थीं, वैसे सिंघाड़े का हलवा बनाया था। शाम को ओम की तरफ़ बढ़ाया तो उसने पूछा, "क्या शन्नो चाची बना गईं? तुमने?...इतना आसान थोड़े है। एक दिन में नहीं आ जाता।"

शन्नो चाची पूजा करके चली गईं। फ़ातिमा भी बैंक के लिए चल पड़ी। फुटपाथ पर लोगों की भरमार थी। फ़ातिमा को लगा, वह सबके रास्ते में आ रही है और सब उस पर मन ही मन भन्ना रहे हैं। अपराधबोध से वह कभी बाईं ओर झुकती, कभी दाहिने को हटती, और एकाएक रुक जाती...भीड़ को गुज़र जाने दो...।

वह भीड़ से बेहद घबराने लगी थी। लोगों से घबराने लगी थी। कभी कोई जाननेवाला दिख जाता तो अव्वल तो वह उसे पहचानती ही नहीं और अगर पहचान लेती तो दुविधा-भरी एक मुस्कान के साथ कतरा के बगल से निकल जाती कि न जाने सामनेवाला उसे पहचान भी रहा है...पहचानना भी चाहता है...?

ओम झल्ला उठता, "कहीं जाते हैं तो बोलने की कोशिश भी नहीं करती हो। लोग समझेंगे, खिलजी खानदान का होने का गरूर है, बादशाहत का गुमान पाले हुए हो।"

"तो मत ले जाओ मुझे कहीं।" फ़ातिमा बात निपटा देती।

ओम अक्सर अकेले ही जाता। फ़ातिमा से कह-कहके हार गया कि लोग हर बात का टेढ़ा मतलब ही निकालेंगे और निकालेंगे ज़रूर। उसी दिन की, मनचन्दा बता रहा था, बाला ने कह दिया था—"देखो, नहीं आईं न शहज़ादी। समझ रही होंगी कि बेटे का जन्मदिन तो बहाना है, दुर्गा-पूजा का जमघट होगा असल में। अजी मानो न मानो, मुसलमान होता ही है ज़्यादा मुसलमान। हम तो सिद्दीकी के घर हर ईद पर जाते हैं, जबकि हमें मालूम है वह छुप के गाय काटते हैं।"

लोग कैसा-कैसा बोलकर महफ़िल में रंग लाते हैं, इसका ओम और फ़ातिमा को पुराना तजुरबा था। वह तो शादी की खबर उड़ी-भर थी कि जग-भर अपने-अपने परमेश्वर का दूत बन बैठा और ओम और फ़ातिमा का रक्षक भी।

"अरे भाई, चुप कैसे बैठें, एक शरीफ लड़का बरबाद हुआ जा रहा है...वह चंडाल निकाह किए बगैर नहीं माननेवाली...।"

"अमाँ, फलाँ-फलाँ की यह जुर्रत? हमारी लड़की उठाएँगे? देख लेंगे...।"

और तो और, अम्मा बेचारी की मौत पर भी अफवाहों का बाजार गर्म था, "देखा ना, निकाह किया, बेटे का धर्म लिया, माँ रो-रो के जान दे बैठी... ।"

मनचन्दा बता रहा था कि इकहत्तर में तो यह शोहरत थी कि फ़ातिमा के बाप पाकिस्तान के एजेंट हैं। शादी का विरोध तो नाटक है, लड़की को दुश्मनों की मदद की खातिर काफ़िर से ब्याहा है। ओम की कम्पनी, शायद डनलप के तकियों और गद्दों में एफ.बी.आई. की फ़ाइलें सिलती थी।

फ़ातिमा चैक भुनाकर लौट आई।

शाम को ओम जल्दी घर आ गया। "चलो, डमरूपार्क चलें।"

वहाँ पहुँचकर दोनों एक घने पेड़ के नीचे, उसके चौड़े तने से टेक लगाए बैठ गए। फ़ातिमा जमीन पर पड़ी एक टहनी से खेलने लगी। अचानक किसी सड़की कुत्ते की, उसी टहनी पर, उसी तने से लग के, एक टाँग उठाके क्रिया करने की तस्वीर बेवजह उसके मन में कौंध गई। उसने चीखकर टहनी गिरा दी।

"क्या हुआ...क्या हुआ?" ओम भी हड़बड़ा गया।

"व...वो..." फ़ातिमा ने बड़ी-बड़ी आँखें उधर कीं। और फिर खिलखिलाकर हँस पड़ी। सरिता-सी कल-कल करती उन्मुक्त हँसी।

"फ़ातिमा!" ओम ने उसे गले लगा लिया।

हँसते-हँसते फ़ातिमा रो पड़ी।

"ओम, मुझे अच्छा नहीं लगता। बिलकुल अच्छा नहीं लगता।"

"क्या बात है, फ़ातिमा! मेरी जान, अब तो खुश हो जाओ। सब तो अच्छा हो रहा है। तुम अम्मी के भी पास जाने लगी हो।"

अब्बा का तार आया था। उन्हें अस्पताल में भर्ती कर दिया गया था। सख़्त बीमार थे। फ़ातिमा बदहवास हाल में मैके पहुँची थी। शादी के बाद पहली बार। बहुत रोना-धोना हुआ। अब्बा जान अच्छे हो गए। पर मुहर्रम शुरू हो गया था। फ़ातिमा ने ओम को लिखा—'अब्बा घर लौट आए हैं। अब कोई खतरा नहीं है! पर मुहर्रम शुरू हो गया है। उसके बाद ही आ पाऊँगी। अभी छोड़कर जाना ठीक नहीं लगता।'

मिलते ही दोनों में झगड़ा हो गया। ओम बरस पड़ा, "यह हमारा समझौता था कि धर्म से कोई साबिका नहीं होगा, उसके पचड़ों में बिलकुल नहीं पड़ेंगे।"

फ़ातिमा ने आश्चर्य से कहा था, "तुम तो गज़ब ही करते हो ओम। मुझे धर्म से अभी भी कुछ वास्ता नहीं है। अब्बा बीमार थे। अम्मी का जी हल्का हो पाया। मेरे नौहे पढ़ लेने से उन्हें राहत मिली। बस। मैंने कोई समझौता नहीं तोड़ा।"

"वाह-वाह," ओम ने लाल-पीले होकर ताना कसा, "तुम रोज़ा रखो, मातम करो, और फिर मासूमियत से कहो, क्या ग़लत किया? फिर क्यों न अम्मी के दिल के सुकून के लिए निकाह भी कर लिया होता? वही क्या ग़लत होता?"

फ़ातिमा ने बहुत गहराइयों से ओम की तरफ़ देखा। दो क्षण बाद शान्त स्वर में बोली, "हाँ, शायद ग़लत नहीं होता। हमें फ़र्क न पड़ता पर अम्मी और अब्बा को इज़्ज़त मिल जाती, हमसे रिश्ता कायम रखने का ज़रिया मिल जाता। मुझे इस तरह अलग होने को मजबूर नहीं होना पड़ता।...भाई की शादी तक में शरीक नहीं हो पाई।...तुम्हारे...हिन्दुत्व की वजह से।"

ओम सन्नाटे में आ गया, "अरे! दो दिन उस माहौल में लौटीं और दिमाग फिर गया? मैंने क्या निकाह से मना किया था? या किसी भी किस्म की धार्मिक रस्म से? बोलो। मन्दिर, मस्जिद, गिरजा..."

"खूब रही," फ़ातिमा बीच ही में बोल उठी, "अब मन्दिर और फेरों की बात होगी। मन्दिर पर कौन-सा कलंक लग रहा था? तुम जानते हो, अच्छी तरह से, जानते हो कि हमारे इस समाज में जो भी जाता है, लड़की का जाता है। लड़का सिर्फ़ लेता है।...तुम्हारे हिन्दू मज़हब की तरह...दूर-दूर तक अपना साया बिछाता है, अपनी छत्रछाया में दूसरों को पालता है... या डसता है...।...पर यह तो खूब रही कि अपने फैलाव से बेख़बर हैं और कोई दूसरा ज़रा-सी पनाह माँगे, होने का हक माँगे, थोड़ी जमीन चाहे तो भड़क उट्ठें कि ऐसा है तो फिर हमें भी हिस्सा चाहिए! उल्लू न बनाओ। तुम्हारा क्या बदला या बिगड़ा?"

ओम का हाथ उठ गया था, ''अब ऐसी दलीलें दी जाएँगी? और यह जताओगी कि जैसे मैं तुम्हें उठा के ले आया? अपनी रज़ामन्दी का ज़िम्मा लेते अब डर लगने लगा है?''

फ़ातिमा रोने लगी। पर बोलती रही, ''रज़ामन्दी? क्या तुमने कोई रास्ता छोड़ा था? या तो इस तरह आओ, वरना जाओ, फूटो, मरो। छोड़ना क्या आसान होता है?''

''फ़ातिमा,'' ओम चिल्ला पड़ा था, ''इस तरह हमारे अतीत को मत झुठलाओ, हमारे प्यार को दूषित मत करो।''

डमरूपार्क में दोनों अपने अतीत को असली और नकली गाँठों से उलझाए बैठे रहे।

ओम ने फ़ातिमा को गोद में लिटा लिया, ''अब क्या है? अब तो तुम हर साल नौहे पढ़ने अपने घर जाती हो।''

फ़ातिमा भर्राई आवाज़ में बोली, ''जाती ही तो हूँ बस। क्या नाता रख पाई हूँ किसी से? क्या दे पाती हूँ उन्हें?...ओम, मैंने समाज से लड़ाई की थी, वह मुझे बदनाम करे, मेरा बहिष्कार करे, मैं सब सह सकती थी। पर माँ-बाप से अलग होना...''

ओम विचारमग्न हो गया। माँ-बाप से अलग कौन-सा समाज होता है? है कोई समाज?

उसने दृढ़ स्वर में कहा, ''नहीं, फ़ातिमा, हम शिकायत नहीं कर सकते। जगदीश काका को याद करो।''

जगदीश काका फ़ातिमा को अंग्रेजी पढ़ाते थे। वह अकेले बुजुर्ग थे जो उन दोनों की शादी में शरीक हुए थे। शादी से पहले उन्हें नसीहत भी दे चुके थे, 'देखो, इस समाज की ताकत को मामूली न समझो। उसके बारे में अपनी नीयत तय कर लो। खूब थू-थू होगी, यह समझ लो। उससे घबराते हो तो सोच लो। दुनिया के आगे चाहे मुस्काता मुखौटा चढ़ा लोगे, अन्दर चूर-चूर होते जाओगे। झेल सकते हो, हिम्मत है, तो आगे बढ़ो, हम सब तुम्हारे साथ हैं। यह नकली भेदभाव तुम बच्चों के मिटाए ही मिटेंगे। पर फिर ठीक से समझ लो, जाने दो जो जाता है...नाम, खानदान...किसी का ग़म न करो।'

"फ़ातिमा," ओम ने उसका सिर अपने दोनों हाथों में ले लिया, "समाज को हरा दिया और अब लड़खड़ा रही हो!"

"तुम्हें क्या," फ़ातिमा ने उसके हाथ हटाकर कहा, "तुम्हारी माँ, तुम्हारे रिश्तेदार, सब तुम्हारे ही रहे। तुम अपने ही रहे।"

ओम ने ज़रा झुँझलाकर कहा, "तुम्हारी अम्मी चाहकर भी तुम्हें न मान पाईं तो यह उनकी कमज़ोरी है, मेरी माँ को क्यों कोस रही हो?"

फ़ातिमा को बुरा लगने लगा। वह उठकर बैठ गई, "तुम नहीं समझ सकते। लड़के हो...हिन्दू हो।...तुम्हें क्या डर?"

"ओफ्फो!" ओम ने सिर पकड़ लिया, " अब इस तरह बातें होंगी? जब समाज के घटिया कानूनों से ऊपर उठ गए तो उनकी तुला पर हमें क्योंकर तौलोगी? लड़का, लड़की, हिन्दू, मुसलमान!"

"कहना आसान है," फ़ातिमा का गुस्सा बढ़ने लगा, "तुम ऊपर उठ गए और अलग हो गए। तुम्हें शुरू से यह छूट थी। पर मुझे तो हर कदम पर समाज के बाण सहने पड़ते हैं। जमादारिन है तो मुझसे पूछती है, तुम्हारे आगे तो मुँह नहीं खोलती। तुम्हारे उस जिगरी दोस्त की पढ़ी-लिखी बीवी तक, तुमसे वही पुराने अदब से बोलती है पर मुझसे 'हैलो' भी नहीं करती। कोई उससे पूछे तो सही कि यह सब नापसन्द है तो मुझ पर ही ज़ाहिर करने की तमीज़ क्यों? जैसे मैंने ही तो यह सब किया है, तुम तो दूध के धुले, मासूम बेचारे हो।...धोबी तक जान-बूझ कर मेरा काम देर से करता है...।" फ़ातिमा की सिसकियाँ बँधने लगीं।

"छोड़ो फ़ातिमा," ओम ने टोका, "हमने लोगों से कब कोई दूसरी उम्मीद की थी? उनकी निर्दयता, उनकी संकीर्णता, लगातार तो देखते रहे हैं। छोड़ो उनकी। क्यों इन छोटी-छोटी लड़ाइयों में सिर खपाती हो?"

"यही तो मैं समझ चुकी हूँ," फ़ातिमा चीख उठी, आपे में नहीं रही, "कि यह छोटी-छोटी लड़ाइयाँ ही असली हैं। बड़ी लड़ाई लड़ना आसान है। उन्हें गर्व से लड़ते हैं हम, अभिमान से मर-मिटते हैं उनके लिए। पर यह छोटी लड़ाइयाँ...कीड़े की तरह घिनौनी, दीमक की तरह लग जाती हैं,

खोखला करती जाती हैं...इतनी छोटी होती हैं कि बड़ी-बड़ी स्वाभिमानी रौबदार लड़ाइयों से जोड़ कर देखना मुश्किल हो जाता है।...तुम्हारी लड़ाई बड़ी है। लड़ो और चाटो बड़ी लड़ाई की बड़ी जीत को। उसकी तो हार में भी घमंड है। पर मैं...मुझे...इन छोटी-छोटी लड़ाइयों ने घड़ी के लिए फुर्सत नहीं छोड़ी है...मैं...''

''यह हमारी हार है फ़ातिमा! कोई वजह नहीं कि हम हारें...तुम...त्... त...तुम...''ओम घोर निराशा में हकलाने लगा।

''मैं अब कुछ नहीं जानती। बन्द करो।'' फ़ातिमा त्रस्त हो चुकी थी।

ओम का हृदय कराह उठा, ''फ़ातिमा, डूब जाओगी। हम दोनों मिट जाएँगे। अपनी कमज़ोरी से बेइंसाफ़ी को बढ़ावा दे रहे हैं। अन्यायियों को मसाला मिलेगा, वे चटखारे ले-लेकर दुनिया को यह मिसाल सबूत के तौर पर पेश करेंगे।''

किसी तरह सँभलना...सँभालना...होगा। जगदीश काका...। क्या करें? कहाँ जाएँ?

शहर छोड़ दें? कुछ रोज़ के लिए सुस्ताने निकल जाएँ? ऊटी? दूसरा हनीमून?

ऊटी ही तो जा रहे थे जब वह मोटी मिली थी जो मुल्ला को देखकर भयभीत हो गई थी। लेडीज़ केबिन को रेलवेवालों ने जनरल डब्बा बना दिया था। उसी में ओम और फ़ातिमा को जगह मिली थी। ओम अभी प्लेटफार्म पर खड़ा था और फ़ातिमा सामान के साथ अन्दर बैठी थी। सामने गहनों के भार से हाँफ़ती एक मोटी बैठी थी जो 'लेडीज़, लेडीज़' चीख पड़ी थी, जैसे ही एक मुल्ला अपनी पलटन लेकर डब्बे में घुसे। फ़ातिमा ने मामला स्पष्ट किया तो उसके चेहरे पर हवाइयाँ उड़ने लगीं। मुल्ला-टोली सामान रखकर बाहर निकल गई तो मोटी फुसफुसाने लगी थी, 'बेटी, यह तो खतरनाक बात है।'

फ़ातिमा ने सांत्वना दी कि 'नहीं, बहुत लोग साथ हैं, घबराने की क्या बात है?' पर मोटी के तो होश फ़ाख्ता हो रहे थे। 'नहीं बेटी, यह 'एम' लोग हैं।' उसने नज़रें चारों तरफ़ दौड़ाकर हाँफते हुए बताया था और फिर जो उनकी बदमाशियों का ब्यौरा दिया था उसमें कोई करतूत

नहीं छोड़ी थी जो इन लोगों का तरीका न हो। फ़ातिमा ने बहस की थी, 'मुझे भी अन्दाज़ है, मैं .खुद 'एम' हूँ।' मोटी को रात-भर नींद नहीं आई होगी! सवेरे-सवेरे फ़ातिमा गठरी की तरह सिमटकर ठंड में ठिठुरी जा रही थी कि ऊपर की 'बर्थ' से मुल्ला का चौदह-पंद्रह बरस का लड़का उतरकर बोला था, 'दीदी, चादर ले लो, मेरे पास दो हैं।' मोटी भयभीत नज़रों से देख रही थी।

"चलो, घर चलें।" ओम ने फ़ातिमा का हाथ पकड़ लिया। फाटक पर उसने फ़ातिमा को रोक लिया। आस-पास कोई नहीं था। ओम ने फ़ातिमा की आँखों में झाँका। वहाँ अँधेरा ही अँधेरा था।

"फ़ातिमा, चलो कहीं चलें। मैं छुट्टी ले लूँगा। ऊटी चलेंगे। फ़ातिमा, मैं तुम्हें खुश देखना चाहता हूँ। फिर से। हरा-भरा...।"

ओम की भतीजी की शादी में फ़ातिमा ने हरी साड़ी पहन ली थी। अनायास ही ओम के मुँह से निकल पड़ा था—'यह क्या मुसलमानी रंग उठा लाईं?' फ़ातिमा के होंठ काँपने लगे थे—'चुप हो जाओ ओम, बस इसी वक्त चुप हो जाओ।'

ओम उसे बताना चाहता था कि उसका ऐसा-वैसा कोई मतलब नहीं था। यह सब अनजाने में, न जाने कहाँ की सुनी-सुनाई बातें, कहाँ की बसी-बसाई प्रतिक्रियाएँ हैं जो यों ही, सहज भाव से अनायास निकल आती हैं। ओम फ़ातिमा के पीड़ित मन को फिर से 'मुसलमानी हरा' कर देना चाहता था।

"हँसो न मेरी जान।"

फ़ातिमा की आँखों में गाँठें भरी पड़ी थीं। कैसे सुलझेंगी, इतनी उलझ चुकी थीं। ओम को लगा कि अब चाहे सुलझाने के लिए खींचो, या छोड़ दो, कसती जाने दो, नतीजा एक ही होगा—टूट जाएँगी।

नमाज़ का वक्त हो गया था। फ़ातिमा अन्दर चली गईं।

ओम अब चुप नहीं रह पाया। उसने लपककर उसे पकड़ा, "तो यही कहो न कि अब इसी पर्दे में जाओगी और मैं दख़ल न दूँ?"

फ़ातिमा की तो नाक पर जैसे गुस्सा रखा रहता था, "और तुम जो दीया जलवाते हो?"

"मैं...मैं जलवाता हूँ? झूठ-सच किसी से मतलब नहीं तुम्हें? अब आनेवालों से कह दूँ कि घर में घुसकर अपने भगवान का नाम न लो?"

"नहीं, मत कहो। किसी से न कहो। मुझसे भी नहीं।"

ओम स्तब्ध उसे देखता रह गया।

जा-नमाज़ का कोना मोड़कर फ़ातिमा फिर बाहर निकल गई। सरपट-सरपट भागती-सी चाल में जा रही थी, लेकिन ऐसे नहीं जैसे किसी काम की जल्दी हो और गाड़ी छूट रही हो, बल्कि ऐसे जैसे किसी से भाग रही हो। भयभीत-सी। बौखलाई-सी। चेहरे के हर कण को अन्दर छिपी किसी बेचैनी में कसके मानो बाँध लिया हो कि कोई उड़ता भाव न आ जाए, किसी को मालूम न हो जाए, और ज़्यादा कसे फीते की वस्तु की तरह उसका चेहरा तनते-तनते सिकुड़ गया...

कसक

कभी सोचो तो अजीब लगता है कि हम दोनों इतने घनिष्ठ मित्र थे, क्योंकि कहीं हमारी भावनाओं में एक-दूसरे के प्रति प्यार के साथ-साथ जुगुप्सा का अंश भी था। पर फिर सोचो तो आश्चर्य नहीं होता, क्योंकि दोस्ती का केवल प्रशंसा-भाव से ओत-प्रोत होना कोई ज़रूरी नहीं। और जुगुप्सा थी तो कहीं पर रश्क भी तो था। सच, कम से कम मुझे उससे बात-बात पर रश्क हो आता था और आज तक होता है।

मान लो वह आज मुझसे मिलती तो क्या हम मित्र बन पाते? शायद नहीं। वह मेरी चुप्पी से पल-भर में ऊबकर मुँह फेर लेती और हो-हल्लड़ में जुट जाती, मैं उसके रंगीले ठहाकों पर चिढ़कर 'इन ऐश-परस्तों' पर दो-टूक फैसला सुना देती और अपने मकसद-भरे कार्यों में रत हो जाती।

पर बचपन की उदारता दूसरी होती है। उसमें हर फ़र्क के बावजूद, हर 'कॉम्प्लेक्स' के बावजूद कुछ ऐसे धागे होते हैं कि यह कहूँ कि किसी को भी किसी से जोड़ सकते हैं, तो लेश-मात्र ही अतिशयोक्ति होगी। आपस की हर दूरी, अन्दर की सारी हीनभावनाओं से बढ़कर एक 'कल' जो होता है—दूर-दूर तक फैला, वह 'कल' जब हम बड़े हो जाएँगे। यह हम सब को जोड़ देता है। उस 'कल' में अपार शक्ति है। कल होने तो दो, हर चीज़ मुमकिन हो जाएगी, हर हिम्मत खुल जाएगी। मैं ही थी, स्कूल की और लड़कियों को भरतनाट्यम् सीखते देखकर मेरी बाल्य आँखें किस उत्कंठा से उनकी एक-एक अदा पर फिसलती थीं। पर कभी भी तो मन हताशा से सुन्न नहीं हुआ। हमेशा ख़्वाब डुलाती रही कि एक दिन बस बड़ी हो जाने दो तो देखना—कहीं बर्फ़ीली पहाड़ी पर, अपने पोलियोवाले हाथ को ढीले से आस्तीन में छिपाए परियों की तरह क्या खूब आइस

स्केटिंग करूँगी, हवा के झोंके की तरह इधर से उधर, लौ की तरह लहराती हुई, इन सबकी तेज़ी से आगे...।

पर उन ख़्वाबों के दिन लद गए। अब इस बाँह को लेकर सोचने को कुछ बाकी नहीं है, इसलिए उस पर सोचती ही कब हूँ?

अजीब है, ख़्वाबों के लदने की बात कर रही हूँ, जबकि मेरी उस दोस्त के ही दिन...।

वह दोस्त, जो मेरी बचपन की सहेली है। उस बचपन की जिसने मेरे घुन्नेपन और उसकी चपल बहिरंगता को लेकर हमें किसी किस्म की असंगति के एहसास से पीड़ित नहीं होने दिया। कितने अच्छे मित्र बन गए हम—वह खिलाड़, मैं पढ़ाकू, वह बिगाड़, मैं सँभालू!

होस्टल के अपने कमरे में कभी लौटती और पाती कि ताली-लगे दरवाजे के बीच में फँसा पर्दा फहरा रहा है या अन्दर मेज़ पर स्याही की दवात उलटी पड़ी कागज़-पत्तर को नीला किए जा रही है, या ट्रांजिस्टर ही पूरे ज़ोर-शोर से सूनी दीवारों को गाना सुना रहा है तो समझ जाती कि आ गईं मैडम, छुट्टियों के बाद, घर से!

पर वह तो कॉलेज का होस्टल था। उसके पहले तो हम स्कूल में भी साथ थे। तब मुझे उसके जीवन से कितना रश्क होता था—हा-हा, हू-हू करते भाई-बहन, जिनके संग वह तैरने जाती थी, घुड़सवारी करने जाती थी, और पहाड़ों पर 'ट्रेक' करने जाती थी।

उन दिनों वह अक्सर मुझे अपनी साइकिल पर बिठाकर घुमाने ले जाती थी। हम लोग कैंटूनमैंट के इलाके में—जो बढ़ती लड़कियों के लिए सुरक्षित स्थान माना जाता था—पिकनिक मनाते। किसी छोटी-सी बात पर हँसते चले गए थे एक दिन। हाँ, याद आ रहा है, एक कॉलोनी में फँस गए थे। सड़क गोलाकार थी। एक जगह पर दायाँ मोड़ था जिस पर आकर गोल सड़क से हट सकते थे, किन्तु उसी मोड़ पर ढलान था बाईं ओर, यानी वापस गोल सड़क पर। अब दोस्त हैं कि ज़िद्दिया गईं कि साइकिल से बिना उतरे एक जोरदार मोड़ दूँगी और हम दाईं तरफ़ निकल जाएँगे। पहली दो-एक बार हवा ने हमारे संग दगा किया। फिर हमने हँसना शुरू किया, मोड़ आता तो हँसी रोकते, हँसी रोकते तो कमज़ोरी आती, और

कमज़ोर पड़ते तो फिर वही बाईं तरफ़ ढुलक आते! और अगली कोशिश के लिए राउंड मार रहे हैं!

एक था हँसना। दूसरा था फ़लसफा झाड़ना। बचपन की प्रगाढ़ता से भरपूर। जीवन के मर्म की बातें, हमारी निजी कवायदों की बातें, घंटों बहस चलती, जिसका सार निकलता—क्या फ़र्क पड़ता है, हाउ डज़ इट मैटर!

'हाउ डज़ इट मैटर!' यही उसका तकिया-कलाम था, जो वक्त के साथ नई अनुभूतियों से भरता चला गया, हर उम्र का अपना असर सोखता चला गया। अन्त तक।

अन्त तक? न जाने किस झोंक में यह लिख गई मैं। अन्त तक का मुझे पता ही कहाँ। इतने बरस मुलाकात ही कहाँ हुई?

कोई पूछ बैठेगा, मुलाकात ही नहीं हुई तो दोस्त कैसे? जवाब सीधा-सादा है कि दोस्त थे तभी तो मुलाकात नहीं हुई। वह तो अपनी है ही, जब होगा मिल लेंगे। इसी 'अपनापे' के दौर में वर्ष बीत गए। हमने ताज्जुब भी नहीं किया, बल्कि गौर ही नहीं किया कि मिले नहीं। होस्टल में ही, तीसरे वर्ष में जब हम दोनों को सिंगल रूम मिल गए थे तो कभी हफ़्ता-दो हफ़्ता नहीं मिलते थे। उसके अपने क्लास, मेरे अपने। हाज़री भी अलग-अलग वक्त दे आते। यह इत्मीनान जो था कि दस कमरे अलग दोस्त है, इच्छा होते ही मिल सकते हैं।

उम्र बढ़ने के साथ दस कमरे दस शहरों में बदल गए। पर इत्मीनान वही रहा।

यही वजह थी कि हम बरसों न मिलते। यों ही कभी लम्बा-सा पोथा आ जाता। या दो लाइन पोस्टकार्ड पर। या .ख़ुद ही पहुँच लेते। इसी तरह मिलते-बिछड़ते दोस्ती चलती रहती।

अगर...यह ख़त...जो उसके पति ने लिखा...न आया होता...।

कहना चाहती हूँ वह अचानक धमक पड़ेगी। पर कहीं इस निहायत घिसे-पिटे ख़याल का कौंधना मन को बेतरह सालने लगता है।

पर वह ऐसे ही तो धमक पड़ती थी। अचानक। बिन बताए। या ऐसे बताकर कि न बताती तो ही ख़ैर थी!

एक बार एक तार मिला था—'रीचिंग सिक्स्टींथ रिसीव स्टेशन।' तब मैं इस शहर में आई ही थी। पर तार भी तो ऐसा था कि उसका नाम न होता तो भी मैं समझ लेती कि यह काबलियत किसमें है। लेकिन दोस्ती का अपना तकाज़ा है, क्या-क्या नहीं माफ़ उसमें। बस, पहुँच लिए हम स्टेशन। करीब दस घंटों की अवधि और छह गाड़ियाँ, जिनमें से किसी एक में वह आ सकती थी। अब हम हैं और स्टेशन की भीड़-भाड़ है और अपनी बेवकूफ़ी का निरन्तन चुभता एहसास। बैठे हुए हैं एक बेंच पर किसी किताब के पन्ने उलटते-उलटते? पल-पल चौकन्नी निगाहें उठाकर किसी की व्यंग्यभरी मुस्कान को पकड़कर अपनी गौरवान्वित नज़रों से भस्म करने। गाड़ी आई, आगे-पीछे दौड़ गए, दोस्त नदारद। अगली गाड़ी के प्लेटफ़ॉर्म पर बेंच ढूँढ़ते पहुँच गए, मानो अभी-अभी स्टेशन पहुँचे हैं, जीवन में पहली बार। फिर भी जो सामने पड़े उसी की शक्ल जानी-पहचानी लगे और सीता-सा अन्त पाने को तरस उठें। मन को आश्वासन देते, आँखों ने धोखा खाया है, ज़रूर देखनेवाला चढ़ने आया है या उतरा है और एक बार नज़र मिलाकर चला जाएगा। और मान लें हमारी तरह वह भी लल्लू है, बार-बार यहीं चक्कर काट रहा है, तो फिर भई उससे शर्म क्या? वही गम्भीर मुद्रा में बैठे रहे, गाड़ी आई, हरकत हुई, फिर बैठ गए...। वही किस्सा, दोस्त नदारद। रात के ग्यारह बजे आख़िरी गाड़ी छान मारी, फिर उसे लाख-लाख गालियाँ देते गुस्से से कार का 'एक्सेलेटर' दबाते घर लौटे...।

तो वहाँ ताले को गुस्से से ताकते हुए मैडम खड़ी थीं!

"यह क्या तरीका है?" हम फौरन लड़ पड़े।

लड़ तो हम आज भी पड़ते। यह क्या तरीका है? पर यही लगने लगता है कि लड़ूँ किससे? बेहद गुस्सा आता है। कहना तो चाहती हूँ, यह क्या तरीका है, पर सोचती हूँ, कहूँ किससे?

कहती भी क्या? वही अपना कोई निर्णय सुना देती—शर्म की बात है कि...कि...

वह लड़ पड़ती। शुरू से मेरी इस 'जजमेंट' देनेवाली आदत को टोकती थी—'तुम होती कौन हो, सब क्या है, क्यों है, समझा देनेवाली?'

मेरा बात-बात पर मीन-मेख निकालना, सबको क्या, कैसे सोचना, करना चाहिए, सब क्या क्यों करते हैं, मेरी स्पष्टबयानी, उसको हैरान कर देती।

बचपन में मैं कहा करती थी कि मैं दूसरे के मन के अन्दर का खूब भाँप लेती हूँ, कब कोई डींग हाँक रहा है, कब कोई ख़ास मतलब से बात बना रहा है, कौन निर्दोष है, कौन कपटी, सब मुझसे पूछ लो। आगे चलकर वह मेरी इस प्रवृत्ति को मेरी 'पॉलिटिक्स' से जोड़ने लगी—'तुम लोगों को अपना कपट, अपनी तानाशाही नहीं दिखती? क्या कैसे होना चाहिए, किसे क्या चाहना चाहिए, तुम तय कर देते हो।' घंटों लड़ाइयाँ होतीं।

वैसे हमारे साथ बिताए वक्त का लेखा-जोखा कहीं है तो ज़रूर तीन-चौथाई भाग हमारी लड़ाइयों का ही हिसाब देगा। बात-बेबात जंग छिड़ जाती।

याद है मुझे इसी घर के बरामदे में सुबह-सुबह का वह चाय का दौर और लड़ाई का दौर। सामने यही पेड़ था जिस पर लाल-लाल फूल लदे हैं। प्रतिदिन तड़के ढेरों पिद्दियाँ चाँय-चाँय करती इन फूलों का पराग चूसने आ जातीं। उन्हें चोंच मारते देखकर वह मुस्कराई और मुझे कुछ खिझाती हुई बोली—"मैं तो बस पिद्दी हूँ, मज़े से चोंच मार रही हूँ, और कुछ नहीं जानती।"

वह चिढ़ा रही थी, मैं चिढ़ गई। वैसे हमारे विचारों की टक्कर बार-बार होती ही रहती थी, इसलिए कब गम्भीर हैं, कब नहीं, इस सबसे फ़र्क कम पड़ता था। अधिकतर दोनों भावों का समावेश होता। नहीं, सच तो यह है कि ज़्यादातर चिढ़ती मैं ही थी और चिढ़कर और चिढ़ जाती। पर वह गम्भीर होते-होते छेड़ देती, फिर छेड़ते-छेड़ते गम्भीर हो जाती।

असल में मुझे किसी का भी ग़ैर ज़िम्मेदाराना अन्दाज़ बर्दाश्त नहीं कि हम तो बस जीते हैं अपने हिसाब से, अपने मज़े के लिए, अपने किए के आगे-पीछे से, दूर-दूर फैलते उसके असर से, हमें कोई मतलब नहीं।

"जस्ट व्हाट डू यू मीन?" मैं फूट पड़ी। "तुम्हें इस क़दर मासूम बनने का कोई हक नहीं। पिद्दी ने चोंच मारी बस बात वहीं ख़त्म हो गई, ऐसा नहीं है। बहुत-सी चीज़ें जुड़ी हैं इस बात से।"

"होंगी," वह लापरवाही से बोली, "पर पिद्दी को क्या ख़बर या दिलचस्पी? जो भी असर हो, वह अपना काम नहीं रोकनेवाली।"

"बस मुझे यही तुम्हारा अन्दाज़ नहीं पसन्द।" मैं चिढ़ती रही, "तुम जानती हो तुम पिद्दी नहीं हो, सोच सकती हो, अपने कर्म .खुद चुनती हो, अपने किए के असर को देखती हो, समझती हो...?"

"यार, क्या असर-असर चीख रही हो? क्या हम इतने दम्भी हो सकते हैं कि अपने और दूसरों के किए का दूर-दूर तक होता असर समझें समझ लिया? हम तो इतना असर देख पाते हैं कि तुम्हें थप्पड़ मारा तो तुम रो पड़ीं, जो हमें बुरा लगा। इसलिए हमने ठान लिया कि अब थप्पड़ नहीं मारेंगे। बस।"

"जीऽऽ नहीं", मैंने ताने-भरी आवाज़ में कहा, "थप्पड़ मारा तो इतना-सा ही नहीं होता कि हम रो पड़े। और भी असर हो सकते हैं। थप्पड़ देकर बच्चे को ज़हर खाने से रोका जा सकता है, थप्पड़ देकर 'हिस्टीरिया' ठीक किया जा सकता है, आप हमें थप्पड़ मारें तो यह भी हो सकता है कि हम आपकी असलियत को समझ लें और यह निर्भरता छोड़, बाहर निकलें, औरों को दोस्त बनाएँ।"

"तो फिर" वह मानो जीत रही हो, ऐसे बोली, "हमारी बात सही है। जब यह भी हो सकता है, वह भी हो सकता है, तो कब क्या हो सकता है, हम क्या जानें? कहाँ से अपने को ऐसा सर्वज्ञानी समझ लें? और हम तो यह भी नहीं मानते कि हमें चुनने की भी उस पिद्दी से ज़्यादा आज़ादी है।"

"यार, गधी की तरह बात न करो। हम 'पैटर्न्ज़' देखते हैं, अन्दाज़ लगाते हैं कि किन तत्त्वों का साथ होना कैसा प्रभाव, कैसा विस्फ़ोट पैदा कर सकता है।"

"सुनिए आप गधी हैं, इसलिए स्पष्ट अन्दाज़ लगा लेंगी और गलत साबित होंगी। वरना आपके अन्दाज़ भी रोज़ बदला करेंगे। रहने दीजिए, हमें इन बेवकूफ़ियों में सिर खपाने की फ़ुर्सत नहीं। हम पिद्दी ही ठीक हैं। हमारा मन चाहता है फूलों का रस लेने को और हम प्यार से वही करते हैं। इससे आगे हमारा कोई दावा नहीं।"

''दावा हो या न हो,'' मुझे गुस्सा आए जा रहा था, ''आपके चोंच मारने का मकसद है। एवरी ऐक्ट इज़ अ पॉलिटिकल ऐक्ट, आपको यह देखना ही पड़ेगा।''

''नहीं देखते हम।'' उसने शैतानी से कहा।

''तो भी हर ऐक्ट पॉलिटिकल ऐक्ट है। आपका यह न मानना भी इज़ अ ब्लडी पॉलिटिकल ऐक्ट।''

उसके स्वर में हल्की-सी थकान छलक आई, ''तो फिर आपका यह कहना कि एवरी ऐक्ट इज़ आ पॉलिटिकल ऐक्ट कुछ ऐसा ही मतलब रखता है कि हम सब जी-जी के मर रहे हैं या हर पल मरते-मरते ही जी रहे हैं। यह क्यों न कहूँ कि एवरी ऐक्ट इज़ अ मॉरल ऐक्ट?''

''यार,'' मैं जल-भुन रही थी, ''क्यों मेरी बातों को इस तरह दोहराती हो कि शब्द वही रहें, पर मायने हास्यास्पद हो जाएँ?''

इस पर उसने आँखें फाड़ी, ''वाह जी वाह! मेरे कथ्य की अर्थहीनता आपको फ़ौरन समझ आ गई, अपनी बात की क्यों नहीं? आप ज़रा मेरे किसी भी कथन को गलत साबित तो करिए।''

''देखो,'' मैं समझाते लहजे में बोली, ''हुज्जत करोगी तो हर बात इतनी व्यापक, इतनी अस्पष्ट हो जाएगी कि सच होकर भी बेमाने हो जाएगी।''

तब वह गम्भीर हो गई, ''हाँ, यही मुझे कहना है कि ये सारे कथन वहीं तक सही हैं जहाँ तक वे इतने व्यापक हैं कि बेमाने हैं। जहाँ इनमें कुछ अर्थ आने लगता है, वह ख़ास मेरा या तुम्हारा अर्थ हो जाता है। हमारी अपनी-अपनी समझ, नैतिकता की, राजनीति की, जीवन की, वह उसमें घुस जाती है। एक बात और, जब मेरी ख़ुद की समझ भी स्थिर नहीं, बदल सकती है, तो कैसे मैं अपने यकीन पर ही भरोसा करूँ? ठीक है भई, आज यह मानती हूँ पर कम से कम यह सतर्कता तो रहे कि कल कुछ और मानने लग सकती हूँ?''

''मुझे तुम्हारी यह लपेटवाँ दलीलें नहीं पसन्द,'' मैंने झुँझलाकर कहा, ''फिर तो कुछ भी करती रहो, फ़र्क क्या पड़ता है?''

''क्यों, मुझे फ़र्क पड़ सकता है। मैं नहीं जानती यह मेरी नियति ही है कि मैं पिद्दी रहूँ, शायद मजबूरी है कि इन्हीं फूलों में चोंच मारूँ, पर

मुझे रस मिलता है। कुछ फूलों में ज़्यादा मिलता है। तो खुशी से करती हूँ। अब मुझे पढ़ने में वह शौक नहीं है जो .ख़ुद जाकर, नई पुरानी चीज़ों को जानने में तो...''

इसीलिए उसने पढ़ना बन्द कर दिया था। बी. ए. में ही उसे इस परीक्षा-केन्द्रित पढ़ाई की निरर्थकता समझ आ गई। बोली, ''एम. ए. की डिग्री से मेरा क्या वास्ता, जो करना है वह फ़ौरन क्यों न करूँ?'' तब वह वाइल्ड लाइफ़ प्रेज़र्वेशन सोसायटी के लिए काम करने लगी। नौकरी उसने कई दफ़े बदली पर हमेशा ही पर्यावरण की समस्याओं से जूझनेवाली किसी संस्था से जुड़ी रही। इन्हीं मसलों पर लिखती रही।

तब भी मुझे रश्क हो आया था, क्योंकि इस शिक्षा-प्रणाली को बेकार मानते हुए भी मेरे मन में एम.ए. की डिग्री होना एक अनिवार्य बात थी। हालाँकि सच, उस डिग्री ने मुझे आज कुछ नहीं दिया है। ऐसी भी नहीं है कि फ्रेम करके ड्राइंगरूम की दीवार पर ही टाँग दूँ।

पर और जो भी व्यर्थता मुझे समझ आए, अपने 'कॉज़' के लिए हमेशा खड़ी हुई। वह हँसकर कहती, ''क्यों नहीं तुम लाल कलम से लिखने लगतीं, मिशनरी बहन?''

मैं भी हँस देती पर मुझे अच्छा नहीं लगता, ''क्या फ़ायदा कुछ सोचने का, अगर उसे काम में न लाओ?''

''फिर वही बात। काम में तो वह .ख़ुद-ब-.ख़ुद रिस आता है, हमें कोशिश नहीं करनी पड़ती। इसमें कहना क्या है? अपना काम किए जाओ, उसके बारे में इतना ढिंढोरा क्यों? विनम्रता भी कोई चीज़ है, दुनिया चलती है, हमारी-तुम्हारी सोच से नहीं, सहस्रों अदृश्य ताकतों के तहत, जिन्हें समझते-समझते तुम खत्म हो जाओगे और दुनिया आगे बढ़ चुकी होगी और जो आएँगे वे फिर समझते-समझते जान दे देंगे।''

''तो आप कौन-सा बड़ा तीर मारने में जान दे देंगी?'' मैं बिफरकर बोली।

''मुझे बड़ा तीर मारना ही नहीं है। मैं बड़े तीर मारती ही नहीं।''

''अय्याश कहीं की!'' यह शब्द मुझे मिशनरी कहने का मेरा बदला होता, ''बस जिओ .ख़ुद के लिए, स्वार्थ के लिए।''

"अच्छा...ऽ...ऽ...ऽ," उसने मासूमियत के अन्दाज़ में पूछा, "तुम सब तो दूसरों के लिए जीते हो न!" वह मेरे कमरों में रखे ताम-झाम पर नज़र फेरती, "यह सब चीज़ें तो उस परोपकार की तैयारी में हैं, किसी निजि़ मोह में थोड़ी हैं, क्यों?"

"देखो, फिर मखौल उड़ाने लगी। मैं जीवन में एक 'फ़ोकस' होने की बात कर रही हूँ, ऐसा कुछ नहीं कह रही कि..."

"न मैं ऐसा कुछ कह रही हूँ," उसने बीच ही में काटा, "मेरा 'फोकस' जीवन है, तुम्हारा जीवन के बाहर कुछ...। मैं जीना चाहती हूँ इत्मीनान से, तुम लोगों की राय के बिना।"

पर उसका स्वर मेरा पारा गरम ही रखता—"सच ब्लडी इनडिफरैंस मैडंस मी। मैं जीती हूँ, बाकी मरें-कटें, भाड़ में जाएँ, सब जायज़!"

"क्यों, भाड़ में क्यों जाएँ? मैं बचा सकती हूँ तो बचा लेती हूँ। ओड़िसा में जितनों को खींच पाई थी, पानी से निकाल लाई। पर हाँ, यह नहीं कहूँगी कि लोग मर-कट रहे हैं और तुम शॉपिंग करने चलीं!"

यह कटाक्ष मुझ पर था। कॉलेज के दिनों में हम लोगों ने साम्प्रदायिक दंगों के खिलाफ़ एक शान्ति-मार्च की व्यवस्था की थी। वह बस में मिली तो मैंने कहा, 'चल रही हो न।' 'जूते फट गए हैं, नए खरीदने जा रही हूँ' वह बोली। और मैं आपे में न रही, 'तुम्हें शर्म नहीं आती? लोग मर-कट रहे हैं और तुम शॉपिंग करने चलीं!'

"यह क्यों होता है कि तुम मेरी बात को हमेशा अतिरंजनावाले उदाहरण देकर बताती हो और अपनी को सहज, सँभले, योग्य तर्कों से?" मैं संजीदा हो जाती।

अचानक वह प्यार से बोलने लगती—"दोस्त, तुम्हारी ईमानदारी पर आरोप नहीं लगाती पर यह तो समझो कि सहृदयता, लगन, परोपकार, तुम्हीं लोगों की बपौती नहीं है। अपनी बौद्धिक आक्रामकता का ज़रा भी अन्दाज़ है? हर चीज़ का मतलब तुम्हारे लफ़्जों में—बुर्जुआ, लुम्पेन, क्या-क्या। हालत यह कि जमादारिन रोए तो आप लोग ज़ार-ज़ार आँसू बहाएँगे। मिस लिली रोएँ तो हिकारत से फब्तियाँ कसेंगे—'भई इन्हें इंगलैंड के आराम याद आ रहे हैं!' पर ढूँढ़ो...तो भी तुम्हारे गुट में दो जन ऐसे

न मिलेंगे जो किसी गरीब के संग दो दिन इज़्ज़त-स्नेह से रह पाएँ। पॉलिटिकल ऐक्ट, पॉलिटिकल ऐक्ट चीखते हो। होगा साला पॉलिटिकल ऐक्ट सब कुछ। तुम्हारा यह जम्हाई लेना भी...क्योंकि शायद यह तुम्हारी सामाजिक स्थिति, तुम्हारे वर्ग से ताल्लुक रखता है, मज़दूर की रात की ड्यूटी की थकान का प्रतीक है या...'' वह अपनी सूझ पर मुस्कराई, ''या पूँजीवाद की बू तो नहीं आ रही? रात-भर की अय्याशी के बाद का हैंगओवर तो नहीं यह...?''

मैं फिर लाल-पीली होने लगती, ''क्या होगा संसार का जब तुम जैसे अनास्थावादी बढ़ेंगे? भगवान नहीं, हैवान नहीं, कोई कॉज़ नहीं, तो जियो ही क्यों?''

''क्यों? जीने के लिए नहीं जी सकते? हर डकार, हर मुस्कान का पॉलिटिकल मुआवज़ा नहीं लेना चाहती, बस। भरपूर जीना चाहती हूँ। तुम क्या समझती हो तुम्हारे जैसा कॉज़ न हो तो शान्ति, खुशी, प्यार, इनकी चाह मर जाएगी?''

दो अलग धरातलों से बात हो तो नतीजा कभी मिलनेवाला नहीं। लड़ते रहते और जबरन नेचर्स कॉल या ऐसी ही किसी अजेय तीसरी शक्ति का हवाला देकर लड़ाई स्थगित हो पाती।

अन्तहीन लड़ाइयाँ।

नहीं, आज वह मिलती तो हम कतई दोस्त न बनते, अब तक हमारे नज़रिए हम पर पूरी तरह हावी हो चुके थे, ठोस हो गए थे, हम शायद दुआ-सलाम भी न कर पाते।

यह भी वह कहती थी, ''गुटबाज़ी का ज़माना है, अपने गुट के बाहर कोई नहीं जाना चाहता। दूसरों की भाषा ही उसे अलग लगती है। बस गुटबन्दों से बोलो, उन्हें ही शाबाशी दो, और कोई न सुनता है, न समझ सकता है।''

''हाँ, और क्या,'' कभी-कभी मैं भी न चूकती, ''तभी तो तुम अपनी बात कर रही हो, मेरी कुछ नहीं सुन रहीं, समझना तो दूर।''

पर बचपन की दोस्ती कुछ ऐसी नींव डालती है कि यह सारी लड़ाइयाँ हमारी अन्तरंगता का प्रतीक ही थीं। हमारी राजनैतिक विचारधारा कुछ भी

हो—और वह तो अपनी कोई विचारधारा मानती ही नहीं थी—उस सबके ऊपर एक 'हाथ' था जिसने इशारा कर दिया था कि दोस्त हो और खोल के सब रख दो। याद नहीं पड़ता कि कुछ भी एक-दूसरे से कहने में सकुचाते रहे हों। खोपड़ी पर सवार होना हो तो, दिल दुखा दें तो।

जैसे जब उसके भाई के लिए लड़की देखी जा रही थी। मैंने पूछा, "कैसी थी?" बोली, "मिलनसार।" मैंने पूछा, "देखने में?" बोली, "ठीक है, दाँत अजीब हैं।" दाँतों का क्या ज़िक्र करूँ, बचपन से उन्हें लेकर रोती रही हूँ टेढ़े-मेढ़े, ठीक असली मोतियों जैसे। नसीब को बहुत कोसती तो वह दिलासा देती, "बेवकूफ़, अच्छे लगते हैं, यह क्या कि बोरिंग, सीधी कतार हो।" तो जब वह बोली दाँत अजीब हैं, मेरा पीड़ित हृदय कराह उठा—"आह, मेरी तरह।" बोली, "नहीं, उसके बाहर को नहीं निकले हैं!"

ज़ाहिर है तब भी लड़ पड़े थे। हर उल्लू-पंथी की बात पर लड़ पड़ते।

गोआ याद आ गया। कितने झगड़े हुए वहाँ। कितना आनन्द भी आया था।

उसी ने लिखा था, चलो मिलें, न तुम्हारे घर, न मेरे, किसी तीसरी जगह, अपनी रोज़ की चिल्ल-पों से अलग। जगह उसी ने चुनी, उसे समुद्र से कितना लगाव था।

बस से उतरकर मैंने इधर-उधर ताका, कहाँ है जी बीच? उसने अधीरता से मेरी बाँह खींची और एक सड़क पर चल दी। कितने अचानक सड़क का छोर आ गया और सामने खुला था लाइफ़ साइज़ पिक्चर पोस्टकार्ड! गोआ का समुद्र देखते ही बनता है। वहीं बीच पर हम ठहरे, 'पाम ग्रोव' होटल में, बातों का ओर-छोर नहीं, मस्ती की मियाद नहीं। बस हम और रेत और समुद्र और फ़ेनी और झूमते लोग और ललक, केवल खुशी की ललक।

एक दिन चलते चले गए थे। हाथ पकड़े हुए, जहाँ समुद्र पाँव से बार-बार लिपटने आ जाता, वहाँ। फ़ोर्ट अगुआडा से कालंगूट से बागा तक। एक तरफ़ रेत, दूसरी तरफ़ अनन्त सागर। मैं बेहद घबराती हूँ सागर से। कुछ इतना सिहरता है वह, कुछ इतना ज़िन्दा है वह कि उसको समझ नहीं पाती, उससे घिरती चली गई तो क्या होगा, क्या हो सकता है...? न

जाने कौन-सा विश्व है वहाँ! पर उस दिन? उस दिन की बात और थी। नशे का दौर था। एक तरफ़ रेत, दूसरी तरफ़ फैली असीम ममता जो बार-बार पुलकित होकर पैरों को चूमने लगती, स्नेह से आलिंगन में भरे जाती थी। लहरों के बजते सुरों में मानो हम एकदम सुरक्षित हो गए थे, मानो बस बढ़ते जाना है और धीरे-से समुद्र की तरफ़ घूम जाना है, और भीतर, उसके बाहुपाश में, इसी तरह, दो दोस्तों को, जो हाथ में हाथ दिए चले जा रहे थे।

फिर बागा बीच पर किसी ने डाँट दिया था, लो टाइड है, जब सागर शान्त दीखता है पर सबसे खतरनाक होता है, सबको अपने में समेट लेता है।

वहीं कहीं अंजना बीच पर कुछ हिप्पी नाच रहे थे और हम मदहोश बैठे थे कि मैंने पूछ लिया, "क्या टाइम है?"

मानो उसकी कविता में बाधा पड़ गई। वह बरस पड़ी..."टाइम, टाइम से क्या मतलब तुम्हें? यहाँ टाइम की क्या जगह है? यह टाइमलैस गोआ है पर तुम हो कि यहाँ भी टाइम...टाइम..."

और वहीं किसी शाम कालंगूट बीच पर हम गोआ की मछुआरिनों की तरह पीठ समुद्र की तरफ़ करके उसके एकदम करीब बैठ गईं। पानी के हल्के-से हिचकोले आते और हम भी हल्के-से डोल जाते।

वह संजीदगी से बोली थी, "तुम क्यों नहीं कभी ख़ुद को भूल जाती हो, जीवन में रम जाती हो, क्यों नहीं केवल जीती हो?"

मैं सकपका गई, "क्या मतलब?"

"मुझे लगता है," वह बोलती गई, "तुम जीती नहीं हो, हमेशा याद करती हो। इन औरतों के संग हमें कतार में बैठे देख रही होगी। हमारे आनन्द को देख रही होगी। और बाद में याद करोगी कितना मज़ा आया था।"

"क्यों," मैंने अपनी रक्षा करनी चाही, "मैं देख रही हूँ तो क्या रस नहीं ले रही?"

उसे शक था। किसी भी अनुभव को भोगने के लिए उसके बीच होना पड़ता है, देखने के लिए उससे पृथक हो जाना पड़ता है। "अलग हो गई

तो आनन्द से विभाजित हो गईं, आनन्द तो उसके बीच था। अलग होते ही तुम और भी कुछ देखने लगोगी। जैसे कि यह मछुआरिनें फटी फ्राक पहने हैं और हम तुम पहने हैं महँगे, फैशनेबल कपड़े। कि अगल-बगल बैठे हैं पर उनमें-हममें कितना फ़र्क है। और भी न जाने क्या-क्या जो जल्दी ही तुम्हारे अपराध-बोध को जगाएगा।'' फिर वह मेरी तरफ़ घूमकर बोली, ''क्यों तुम हर वक्त इतना 'गिल्टी' फ़ील करती हो? सबका सलीब तुम्हारे कन्धों पर, यह ठेका कैसे ले लिया?''

मैं अपने 'कॉज़' पर लाँछन नहीं सह पाती—''क्यों, मैं अगर दूसरों के बारे में सोचती-विचारती हूँ तो यह कहाँ से प्रमाणित होता है कि मुझे जीने में रस नहीं?''

''नहीं,'' वह गम्भीर रही, ''तुम कभी खुश नहीं रहोगी। हर बात की परतें कुरेदोगी, दस ऐब निकालोगी, दस दुख निकलेंगे...। सुनो, तुम्हें कभी दूसरों की वकालत करते शर्म नहीं आती, उनकी आवाज़ बनने में 'गिल्ट' नहीं होता?''

मैं गोआ बिगाड़ना नहीं चाहती थी। दब रही थी। पर इतना ज़रूर बोली, ''यह सब फिर कभी। फ़िलहाल बात इतनी है कि यह साबित नहीं होता कि मैं जीवन में आनन्द लेना नहीं जानती।''

''तुम जीवन में हो ही कहाँ? तुम तो हमेशा जीवन के बाहर हो।'' उसने निर्णय सुना दिया।

आज मुझे लगता है जैसे हर तरफ़ सागर की तरह बहता जीवन है और केवल मैं ठोस हूँ, ठोस पत्थर, जो थिरकते सागर से अलग है, उससे बाहर है, उससे घिरा होकर भी उसमें रमा नहीं है...

और वह? वह उस सागर में लहर है, उसी के साथ इधर-उधर उमड़ती हुई।

वह जीवन के बीच है, मैं जीवन के बाहर? मैं देख रही हूँ वह आज भी उसी में विलीन है, क्योंकि मौत भी जीवन में है।

मौत? यह कैसा शब्द है? किस सहजता से लिख गई मैं! किसी प्रियजन की मौत का ख़याल कैसा व्याकुल कर देता है। नहीं, इसे कुछ न हो...। पर ख़याल ही तो व्याकुल कर देता है। जब ख़याल नहीं, ख़ुद

मौत आ जाती है तो क्या बचता है? एक सुन्नाहट, एक़ शून्य? सोचने को है ही क्या?

वह कहती थी, तुम जीवन को केवल याद करती हो। उसे भी केवल याद करती हूँ। पर उस याद करने में और इस याद करने में फ़र्क है न कि नहीं, बताओ? सब कितना अवास्तविक लगता है, वह भी एक ख़्वाब-सी मँडराती है। गले में अटकन-सी होती है पर तभी बड़े बेमौके उसकी हँसी सुनाई दे जाती है। रुलाई का ख़याल ऐसी बेरहमी से जुड़ गया है उसकी हँसी से कि अपने पर काबू नहीं। वह हँसती थी तो शक हो आता था कि रो तो नहीं रही, कुछ ऐसी आवाज़ें निकालती थी! बस वह मज़ाक अब थमके नहीं देता। हँसने-रोने के नाम पर वह सारा अनुभव ताज़ा होकर हँसा देता है, इतने बेमौके कि फिर चोरों की तरह हँसी .खुद से ही छिपाने की कोशिश करती हूँ।

वैसे वह हमेशा ही गलत मौकों पर हँसती और हँसाती थी। स्कूल में खुसुर-पुसुर कर रहे हैं, क्लास में मन नहीं लग रहा। मैंने जान-बूझकर दवात नीचे खिसका दी और डेस्क के नीचे, सफ़ाई करने के बहाने, दो सिर मिले हुए हैं। सब शान्ति से चल रहा है पर आप हैं कि हँसी रोकते-रोकते हँस देती हैं और मैं चौंककर देखती हूँ हँस रही हैं या रो पड़ी हैं और .खुद भी हँसने लगती हूँ तो वह और खिल-खिल क़रने लगती हैं। बस फिर 'बेंच पर खड़ी हो जाओ' 'या 'गेट आउट ऑफ़ द क्लास!'

ऐसे ही बस से उतरने में किसी लफ़ंगे ने हाथ फेरा। आप आग-बबूला—'साले तमीज़ से करो!' जूती उतार के दो-एक सलामी दीं ज़रूर, पर साथ ही अपने मुँह से निकली फटकार पर खी-खी भी कर पड़ीं।

वाकई बड़े बेमौके हँसाती थी वह। एक बार बाज़ार तक का शॉर्ट कट मारने हम एक मैदान पार करने चले। उसके चारों ओर लगी काँटेदार फ़ेंस को लाँघने वह झुकी, दो तारों के बीच, एक पैर अन्दर, एक बाहर, और पैंट का ठीक सीट पर का कपड़ा ऊपर की तार में फँस गया। अब वह हैं—हाथ ज़मीन पर, एक पैर हवा में, और वह दिलचस्प हिस्सा, तार में अटका, ऊँचा, आसमान को घूरता, और आते-जाते लोगों की ही-ही। अपने को छुड़ाएँ तो कैसे, .खुद हँसे जा रही हैं और हम भी लोट-पोट हुए

जा रहे हैं, हँसी के मारे एक कदम भी आगे लेने की ताकत से ख़ाली हैं। 'बॉटम्ज़ अप!

'बॉटम्ज़ डाउन' का भी एक किस्सा है। तब हम दोनों बनारस में काकी के पास थे। काकी नहा रही थीं और उसी बीच इन्हें जल्दी पड़ी कि यह भी नहा डालें, क्योंकि पानी बन्द होने का वक्त करीब था। तो फुर्ती से बाहर का दरवाजा बन्द किया कि कोई मर्द न घुस आए और आँगन में कोने के नल के आगे, कपड़े सुखानेवाली डोर पर अपनी धोती का पर्दा लटकाया। जा बैठीं उस पार नहाने कि तभी काकी निकलीं–'एँ' यह क्या?'–मुझसे पूछती हैं। वहाँ पर्दे के नीचे दो गोल-गोल हिस्से पटरे पर अटे हुए!

पानी से जुड़े न जाने कितने कांड हैं उसके। वहीं बनारस में एक बार और लड़ पड़े थे। गर्मी के दिन और पानी की तंगी। बाकी सब जैसे-तैसे झेलते थे पर फ़्लश की टंकी ख़ाली रहे, यह ज़रा ज़्यादा ही दुखी करता। किसी तरह दो-एक दिन में एक बार फ़्लश चलता था। आए कहीं से लौटकर। रात थी। मैं दाँत माँजते हुए बोली, "चलो शायद कल पानी हो, दो दिन बाहर रहे हैं।" वह कहीं जाते-जाते रुकीं, न जाने किस महत् उद्देश्य से प्रेरित बढ़ीं, बाथरूम की ओर– 'देखूँ'–और तपाक् से चेन खींच दी। पड़ा-पड़ पड़ा-पड़ पानी बह गया।

पानी से उसे था ही ख़ास लगाव। बहुत ज़बरदस्त तैराक थी। उड़ीसा में 'साइक्लोन' आया तो समुद्र से न जाने कितने लोग, कितने असबाब खींच लाई थी। गोआ में वहाँ का चैंपियन तैराक हमारा दोस्त बना। वह भी दंग। "मैं हाँफने लगा पर यह तो लौटने का नाम ही नहीं ले रही थी, क्या ज़ोरदार 'स्ट्रोक्स' मारती चली गई!"

उस पर भी लड़ पड़े थे। मैडम अपने लैंस उतारतीं तो अंधी हो जातीं, करीब-करीब, और लहरों की गरजन से बहरी हो जातीं करीब-करीब। करीब-करीब नहीं जी, दूर-दूर। चली जातीं ज़ोरदार 'स्ट्रोक्स' मारते। इधर हम चीख-चिल्ला रहे हैं–लौट आओ, आगे मत जाओ। और लोग हैं कि हमें ही नसीहत दे रहे हैं, 'सुनो, यहाँ हर साल मौतें होती हैं, बुला लो अपनी साथिन को। यह समुद्र डस लेता है।' पर उनका क्या, आप गला फाड़

लीजिए, तांडव नृत्य कर दीजिए। वह चाहें भी तो बहरे कानों से सुनें तो क्या, अंधी आँखों से देखें तो क्या?

"यार, तुम मुझे पागल बना के रख दोगी!" मैं झिड़कती तो वह सांत्वना देती, 'डोंट बी सिली, समुद्र मेरा कुछ नहीं बिगाड़ेगा। मेरा बचपन का मित्र है।"

मित्र की न जाने किस याद में वह .खुद ही उसके पास चली गई।

सच, सबसे अजीब तो यही लगता है कि 'न जाने' मैं कह रही हूँ। मैं, जो उसके पल-पल के रवैए को तार-तार समझाती थी। उसके जीने को उससे ज़्यादा पहचानने का दावा करती।

जीने को न। मरने की बात और होगी। कितने सवाल बन गए हैं। किससे पूछूँ?...अपनी बचपन की मित्र से मैंने उसके माँ-बाप का नाम भी नहीं पूछा, कौन कहाँ है, जानने की ख़्वाहिश ही नहीं रखी। और जब हम बड़े होकर अपने-अपने जीवन में व्यस्त हो गए तब तो और भी कम उनका ज़िक्र आता। यों ही कभी इत्तिफ़ाकन कि माँ के पास बम्बई गई थी...भाई नैरोबी बुला रहा है...। हाँ, उसका पति है, ज़रूर है, जिसने देखा था और वह ख़त लिखा था...।

वह खत...। न जाने क्यों उस ख़त को लिखनेवाले से कुछ भी वास्ता न रखने का जी चाहता है। उससे चिढ़ होती है, हमदर्दी नहीं, मानो हमदर्दी का पात्र तो मैं हूँ और वह .खुद को समझ रहा है।

पर कितना अविश्वसनीय है कि मेरी घनिष्टतम मित्र है और मैं कुछ नहीं जानती। उसके मन में तब क्या था, मुझे पता नहीं। क्यों ऐसा किया, मुझे पता नहीं।

कभी तो लगता है, किसी और की बात होगी। उसने तो ऐसा कुछ नहीं किया। वह जो इतना जीती थी, वह ऐसा नहीं कर सकती। मेरी दोस्त जीने को 'कॉज़' मानती थी, जीवन के बीच रहती थी, हँसते-खेलते चुहल करते। रोते भी। मेरी बीमारी के बाद वह मुझे देख-देखकर रोती थी और जब शब्बीर मरा था तब भी वह रो पड़ी थी।

शब्बीर आदिवासी इलाके में काम करता था और उसकी बातें वह बहुत लिप्त होकर सुनती। अपनी 'फ़ील्ड' से जब शब्बीर लौटता तो

फोड़ा-फुँसी, पेट की तबाही, ऐसा कुछ न कुछ ज़रूर लाता। पर जब उसने पूछा, चलना है तो यों ही चल पड़ी। तैयारी के नाम पर कुछ नहीं, बस आदिवासी बच्चों के संग खेलने-फुलाने के लिए दर्जनों गुब्बारे। लौटी तो कनस्तर-भर महुआ लाई। फिर आदिवासियों के पुनर्वास की प्रशासनिक नीति पर एक रिपोर्ट तैयार की, जिसको लेकर उसके ऑफ़िसवालों ने खूब बवंडर मचाया। वह आदिवासियों के संग हो रहे जुल्म को रत्ती-भर भी कम दिखाने को राज़ी नहीं थी–सरकार पैसा खा रही है, बाँध बनाने के लिए आदिवासियों की जमींने छीन लीं, उसके एवज में उन्हें बंजर जगह दे दी, जंगल अपने ठेकेदारों से कटवा डाले और बचे ठूँठों को गिनकर, सरकारी कागज़ पर जंगलों का हवाला दे दिया। जहाँ दस साल पहले लोग-बाग धूप ढलने पर घर में सिमट जाते थे कि बाघ-तेंदुए न पकड़ खाएँ वहाँ अब चिड़ियाँ भी नए ठौर खोजने निकल पड़ी हैं। ज़्यादा सिर ठोंको तो सरकार का आरोप कि इन्हीं आदिवासियों ने ईंधन के लिए जंगल चुग डाले। अब बाँध है जो शहर को बिजली देगा, बड़े किसानों को सिंचाई से बढ़ती देगा, और आदिवासियों को उनके परम्परागत जीवन से तोड़कर दूसरों के खेतों में मज़दूरों का स्तर देगा। बहुत झगड़ा हुआ और आख़िर में उसने कहा कि रिपोर्ट में फेर-बदल करनी है तो मेरा नाम निकाल दें। वही हुआ।

और शब्बीर की सड़क-दुर्घटना में खत्म होने की खबर आई तो बिलख- बिलखकर रो पड़ी–"कितना अजीब लगता है न जो कल साथ बैठा हँस-बोल रहा था..."

वाकई कोई चला जाए तो कितना अजीब लगता है। जो कल साथ हँस-बोल रहा था। यकीन नहीं आता। अचानक उसकी हँसी सुनकर मैं चोरों की तरह हँस देती हूँ।

चोरों की तरह इस शहर में घूमती हूँ। कहीं कोई पूछ न बैठे–आपकी दोस्त ने..क्यों...क्या...और मुझे बगलें झाँकनी पड़ जाएँ। पर इत्मीनान से साँस लेती हूँ, यहाँ उसे कोई नहीं जानता।

लेकिन मैं जानती हूँ। अपराधी-सा सिर झुका लेती हूँ।

"तुम हर वक्त इतना 'गिल्टी' क्यों फील करती हो? सबका ठेका ले रखा है क्या? अपने को जिम्मेवार ठहराना, इतनी दम्भी हो सकती हो?"

उसके पति से एक ही बार मिली थी। कहाँ वह बिजली-सी तेज़, कहाँ पति दबे-सहमे बोर। मौके-बेमौके टेढ़ा-सा मुँह खोल के बुदबुदाते और अजीब खिसियानी-सी आवाज़ में कोई एकदम साधारण-सी बात बोल देते और लगता कि समझ रहे हैं न जाने कितनी गूढ़ बात कह गए। पर कभी जो वह शर्मिंदा दिखी हो। मैंने पूछा तो बोली–"मैं दूसरों की ख़ूबियों-ख़ामियों के लिए ज़िम्मेदार नहीं हूँ। सब अपने-अपने किस्म के हैं, शरमाने की क्या बात?"

अन्यमनस्कता थी या विनम्रता? क्योंकि मैं तो शरमा जाऊँ, मेरे अहं को तो ज़रूर धक्का लगे, मेरे संगी-साथी मेरे व्यक्तित्व पर धब्बा लगा दें।

पर यह तो वह कहती ही थी, "तुम इधर की उधर की सोचे बिना, तरह-तरह से मीन-मेख निकाले बगैर जी ही नहीं सकतीं। बड़े-बड़े 'कॉज़' बनाए बगैर कुछ कर नहीं सकतीं।" प्रोपेगैंडा का भी कितना असर है कि जो ढिंढोरा पीट के करे उसकी याद रही, जो ऐसे करे जैसे इसमें कहने की क्या बात, उसे नज़रअन्दाज़ कर बैठे।

सच, मैं आज भी उससे सहमत नहीं हूँ, पर उसकी व्यापकता से रश्क हो आता है। 'मैंने दूसरों का ठेका नहीं ले रखा है,' वह कहती पर अपनी राह में आते लोगों के लिए जिस मस्ती से कुछ कर जाती, वह याद ही नहीं रहता। यही होता है 'कॉज़ेज़' की भाषा में सोचनेवाले का जब वह बिना 'कॉज़ेज़' की सोच करनेवाले से मिले।

उसकी बूढ़ी पड़ोसिन का पैर टूट गया तो उसने बाकायदा छुट्टी लेकर अस्पताल में रातें बिताईं। ऐसी सेवा की कि नर्सें समझ बैठीं, मरीज़ उसकी माँ हैं। और उसके बाद, फिर वही, मिल लिए तो हँस लिए वरना और कहीं मगन। स्नेह कि भावशून्यता? स्वार्थ कि परमार्थ?

पर उसे इन शब्दों से नफ़रत थी। कहेगी–"देखा न, हर किए को परिभाषा में घोंटना चाहती हो। जीवन के बाहर हो गई फिर।"

डर के सोचती हूँ कौन हो गया जीवन के बाहर? मैंने उसे ही तो नहीं बाहर निकाल दिया? मान लो मैं धमक पड़ती या उसे बुला लेती तो?"

उलटे धमक पड़ा यह ख़त। उसकी तस्वीरें भेजी थीं, जो हमने पिछली बार ली थीं। 'यादें समो रही हो जी न पाने के ग़म में' उसने छेड़ा, पर

एक-दो पोज़ मुझे खुश करने को दे ही दिए। पैर फैलाए और धम से झुक गई, बाल नीचे, चेहरा उलटा, पैरों के बीच से झाँकता हुआ, इधर मैं कैमरा ताने! मैंने मुस्करा के ख़त खोला...।

चलते-फिरते लोगों को देखकर वह कहती, "यह नहीं होंगे जो मर जाते हैं!...वे कोई और होंगे जिनकी लाशों की गिनती अखबारों में आती है, यह तो इतने 'रियल' हैं।" बस कुछ ऐसा ही है यह ख़त मेरे लिए, किसी 'अनरियल' पुर्ज़े का ज़िक्र, हाड़-मांस की जीती इंसान का नहीं। मेरी उस दोस्त के बारे में नहीं। वह जो तस्वीर में भी बेबाक थिरक रही है, उसके बारे में नहीं। क्योंकि मैं तो जानती ही नहीं। यह कैसे हो सकता है कि मुझे पता ही न हो कि वह क्या सोच रही थी?

एक निश्चिन्तता-सी छाई मन पे, यहाँ उसे कोई नहीं जानता। बल्कि जिस दिन ख़त मिला मैंने कुरील को फोन किया—चलो कोई भी घटिया बम्बइया फ़िल्म देखें। फ़िल्म के बेहद छिछले ट्रैजिक दृश्यों को देखकर अँधेरे में मैंने अपना रूमाल मुँह पर दबा लिया।

लगता है मैं अजनबी हूँ, न जाने किसकी बात सुन रही हूँ। वहाँ जाऊँ, जहाँ अजनबी नहीं और पूछूँ...कौन थी जिसके बारे में यह खबर पढ़ी? पूछूँ...ऐसे लोग क्यों ऐसा करते हैं? ऐसे लोग भी ऐसा करते हैं? मेरे जैसा घुन्ना ऐसा करता तो समझ लेती। जो अन्दर है, घुटता हुआ। पर वह.. .वह तो बाहर ही बाहर थी, महकते, खुले-खुले, हवादार बाहर में। मानो हर चीज़ में थी, हर बेमाने चीज़ में रस ले रही थी। बाहर और बाहर, इधर-उधर...।

मैं चिढ़कर कहती थी, "तुम कहीं ठहरना ही नहीं चाहती हो। अस्थिर, चंचल, यह अच्छा बहाना है कोई 'साइड' न लेने का।"

वह हँसती, "मैं उड़ती हूँ, यहाँ 'साइड्स' का सवाल ही नहीं।"

कैसे एक-दूसरे वक्त में वही बात, जो कभी बेहद खीझ पैदा करती थी, अब मीठा-मीठा दर्द जगाती है। 'सेंटीमेंटल' बनाती है।

पर 'सैक्रीलेज' लगता है कि ऐसी बात करें और इस पर भी निर्णय सुनाए जाएँ—'भावुक', 'नौस्टैल्जिक',...या ऐसा ही कुछ और। मौत के आगे कम से कम शीश सिजदे में झुका दो।

वही करती हूँ।

पर वह खिलखिला पड़ती है। लगता है पता नहीं उस खिलखिलाहट के पीछे क्या था, जो मैं, उसकी बेस्ट फ्रैंड, नहीं जानती। उसकी हँसी सुनकर मेरे भी मन में कोई सुखद याद आ जाती है और मैं भी हँस देती हूँ। उसका जवान-जवान चेहरा खिला रहता है। रश्क होता है। जब मैं झुर्रियों के पीछे, धँसी आँखों से देखूँगी, वह ऐसी ही तरोताज़ा, यौवन की निखरी मूरत रहेगी, हर तरफ़ होगी। वह कभी नहीं बुढ़ाएगी।

फिर मन व्याकुल होने लगता है। निःशब्द सवाल जी को घेरने लगते हैं। ऐसे में मेरे पास एक ममता भरी रूह बैठ जाती है। किसी के कोमल सान्निध्य का एहसास होता है।

पूछना चाहती हूँ उससे, क्या था तुम्हारे मन में जब तुम 'उड़ती' हुई नीचे चली आ रही थीं, उस तेरहवीं मंज़िल से? क्या तब भी तुम जीवन के भीतर थीं?

पर लाचारी है, कुछ नहीं समझ पाती। पता नहीं कौन थी, पता नहीं मैं किससे मिली, पता नहीं...।

बस, एक बेढब-सा ख़याल आता है कि और कुछ हो न हो, इतना ज़रूर है कि वह जो दूसरों की मौत पर रो देती थी, अपनी मौत पर कतई नहीं रोई होगी...।

पिलाकी माने फय

मैंने कहा मुझे संपादक महोदय से मिलना है। 'नहीं भई, अभी दो अपॉयंटमेंट। तब से कितने तो फ़ोन मिला चुका हूँ आपके ऑफ़िस में। यह भी नहीं होता कि बात न हो पाएगी तो फ़ोन एनगेज्ड मिले। कम-से-कम पैसा तो न लगे। लेकिन फ़ोन उठेगा ज़रूर और फिर कि संपादक की लाइन बिज़ी। पता नहीं आपको लोकल कॉल का पैसा लगता है—एक रुपए का सिक्का?'

''पता नहीं आपको''? मैंने पूछा।

''पता है'' सैक्रेटरी बोली, ''लेकिन फ़ोन पर अपॉयंटमेंट देना मना है। आप आइए, अपॉयंटमेंट मिल जाएगा।''

''आऊँ! क्या खूब कही! यानी जाऊँ—दो रुपए बस का भाड़ा। अपॉयंटमेंट लूँ। फिर आऊँ—दो रुपए बस का भाड़ा। फिर जाऊँ अपॉयंटमेंट दूँ—दो रुपए बस का भाड़ा। और मिल के आऊँ—दो रुपए बस का भाड़ा।''

''चूना हुआ ना आठ रुपया?''

''जी'', वह बेरहमी से बोली, ''यह 'सरस्वती' का ऑफ़िस है, जिनका वाहन हंस है, मोती चुगे जाते हैं यहाँ, जाइए नहीं तो कागा-कबूतरों के पास।''

हाय रे, यह कैसे हो सकता है? चिंतित हो गया। 'सरस्वती' के फ़ोन नंबर को पेंसिल से खींच के घेरेबंद किया कि बाक़ी नंबरों में मिल न जाए। (फ़ोन पैड—इधर-उधर से जुटाए कागज़ के टुकड़ों को एक में बुन दिया था मिसेज़ ने—के ऊपर के पन्ने पर अभी एक इंच कोना खाली था तो फाड़ना मना था।) सोचा, मान लो आठ रुपयों की मशक़्क़त के बाद बात

बन जाए तो फिर मिलेगा पाँच सौ रुपए माइनस आठ, बचे चार सौ बानबे। जेब वज़नदार लगने लगी और मैंने हाथ उसके ऊपर हवा में यों रखा जैसे भरे-भरे बटुवे को ढका हो। चलो ले लेते हैं 'रिस्क', पैसे का मामला है आख़िर।

पर मिसेज़ को कैसे समझाएँ कि पैसों के संग थोड़ी सट्टेबाज़ी करनी चाहिए। वह तो यों दबा देती हैं पैसा जैसे धर्मपत्नी नहीं, बुलडोज़र हैं। मुझ ही से लेकर। कमानेवाला मैं, लेकिन हाथ में कानी कौड़ी नहीं मेरे।

तभी तो कल्पनाशक्ति की धार घिस-घिस के पैनी करता रहता हूँ। इधर आठ आने बढ़ा, उधर एक रुपया बढ़ा, जुगाड़ कर ही लेता हूँ दस-बारह रुपए की। कोई-न-कोई आइडिया लगा ही लेता हूँ।

मानता हूँ, ये वाला आइडिया राजू से मिला। उसी ने बताया कि 'सरस्वती' पाँच सौ रुपए देती है। बाक़ी तो अव्वल देते नहीं, देते हैं तो लाख इसरार-इबादत के बाद, महीनों बाद सौ-डेढ़ सौ पकड़ा देते हैं। अधिकतर तो डायलॉग देते हैं, राजू ने सुनाया, कि अजी पैसे भूल जाइए, आपकी कृपा से तो हम ज़िंदा हैं, वरना पत्रिका आज बंद, कल बंद, अब आप दग़ा न दीजिएगा और यह राशि ऐसी भी नहीं कि उसके बिना आप घर से सड़क पर जा लुढ़केंगे, न ऐसी कि उसे पा के आप ग़रीब से लखपति बन जाएँगे!

तो बताइए, यही डायलॉगी खाने जाऊँ कागा-कबूतर के पास? नहीं जी, अपने लिए तो यही होंगी, नीर-क्षीर अलग करनेवाले हंस पर विराजमान देवी। जय सरस्वती!

हाँ, अंग्रेज़ी में लिख पाता तो इतना फ़र्क नहीं करना पड़ता। न फ़ोन और बस पर इतना सोच-विचार करना पड़ता। ब्रिटिश राज गया, पर राज गया? देखिए, अंग्रेज़ी की कीमत—बंसल साहब का बेटा अंग्रेज़ी के अख़बार में ऐरे-गैरों से भेंटवार्त्ता छाप देता है और एक बार के एक हज़ार। (मैंने एक बार लंच टाइम में शब्द गिने थे, पूरे हज़ार थे। समझे बात कि एक अंग्रेज़ी शब्द, मूल्य एक रुपया? सोचकर गुदगुदी होती है।)

किंतु मैं बहुत बचपन से राष्ट्रवादी हूँ और राष्ट्रभाषावादी भी। कक्षा नौ के बाद से तो याद है, हूँ ही। उसी कक्षा में मेरी एक ग़मगुदाज़ कविता की टीचर ने खिल्ली उड़ाई थी और भरे क्लास में पढ़ के सुनाई—

'फ़ॉग-फ़ॉग, वैरी फॉग

इन माई हार्ट इज़ सो वैरी नाइट'

उन्होंने मेरे अहं को बिलकुल 'स्मैश' कर दिया।

पर उसी 'स्मैशिंग ईगो' की बदौलत मैं आज इस मिट्टी का सच्चा सेवक हूँ। सही है कि दमन का फ़ायदेमंद पहलू भी होता है। मैं नौवीं कक्षा से अंग्रेज़ और अंग्रेज़ी को उनके लायक़ हिक़ारत से देखता हूँ। डॉलर-पाउंड के लालच में उनका हिमायती कोई हो जाए, मैं नहीं। मुझे आप नहीं खरीद सकते।

लेकिन 'सरस्वती' की अपनी शान है। जब से राजू ने बताया मेरा जी डोल रहा है कि भई राष्ट्रभाषा और साहित्य की सेवा हो जाएगी। लगे हाथ कुछ पैसे भी बन जाएँगे। और मिसेज़ भी खुश हो जाएँगी कि हिरोइन चुनी गईं।

लेकिन पहली मुश्किल तो हल हो—'सरस्वती' पहुँचने के लिए बस का भाड़ा? अपनी अंटी में हैं रुपिल्ले तीन और पैसे साठ। बाक़ी बिल्ली के पेट में। सो जैसा कि कहते हैं ना कि है मामला संगीन, कौन बाँधे बिल्ली के गले में घंटी?

पर आख़िर अपनी कल्पनाशक्ति भी ऐसी कि कल्पना कम हो सके, शक्ति नहीं! सही है मूल आइडिया राजू का था। उसी ने कहा था कि भाभीजी आप तो जीती-जागती कहानी हैं और मैं ज़रूर लिखूँगा जिसे कभी। पर आइडिया भर से क्या होता है? उसी दिन मैनेजर साहब कह रहे थे किसी से कि आइडिया डज़ नॉट अकर इन वैक्यूम, माने कहीं परिवेश से ही 'अकर' करता है। सब वहीं से लेते हैं। हुनर तो अब है कि कौन मिट्टी ले के पलीद करता है, कौन मूर्ति गढ़ता है।

कहा राजू ने, पर उठाया किसने? मैंने। और मन-ही-मन जोड़ा 'सरस्वती' से। भाभीजी, माफ़ी, मिसेज़ को, जो जीती-जागती कहानी हैं। सोचा, बच्चू, तुम लिखोगे जब लिखोगे, पहले तो पाँच सौ आएँगे यहाँ। यों मंपादक उछालेगा, यों मैं लपक लूँगा—कैच ऑफ़ दी ईरा!

असल में एक और आइडिया भी राजू ने ही दिया था। हुआ ऐसे कि जब वह रौनकपुर गया था तो मैं भी साथ था, जहाँ वह बच्चा मिल गया जो खेल रहा था चिल्ला-चिल्ला के—

'पिलाकी माने फय
ढिलक न अफय
अफय मोरी गुइयाँ
गुइयाँ ने मारी अफय'

और एक मार के गेंद उछाल देता।

राजू एकदम से थम गया। देर तक उसे दिलचस्पी से देखता रहा। फिर पास बुला के जेब से मूँगफली निकाली और पूछने लगा, 'यह खेल है क्या?'

मेरे पल्ले तो खेल पड़ा नहीं बच्चे के समझाने पर भी। न मुझे, सच पूछिए तो, कोई रुचि ही थी उसे जानने में। राजू को उसकी संस्था ने गाड़ी में रौनकपुर की ड्रेनेज सिस्टम पर शोध करने भेजा था—यानी जो नहीं है उस पर रिपोर्ट लिखने—और मिसेज़ को खरल चाहिए था जो रौनकपुर के पास पत्थरवालों की हाट में ढाई रुपए सस्ता मिलता था। मैं तो गाड़ी में सिर्फ़ इसलिए जा बैठा कि बस का भाड़ा बच जाएगा, बल्कि मैं झुँझलाने लगा कि फय-वय का नालियों से क्या जोड़? उधर बच्चा मूँगफली पाकर और इतराने लगा—कभी राजीव गाँधी बन के हम जीतेंगे या लूजेंगे करता, कभी धर्मेंद्र बन के मौसी गोइंग जेल एंड चक्की पीसिंग एंड पीसिंग करता, फिर पिलाकी माने फय करके गेंद उछाल देता। दोनों यारी-यारी में हँसे जाएँ, मूँगफली फिर टॉफ़ियाँ खाएँ। समय और पैसे की बरबादी!

लेकिन जब राजू ने कहा कि पट्ठे, कहानियाँ ऐसे ही उठाई जाती हैं और लिया वरबेटिम एक बालिग एक बच्चे की वार्त्ता छाप दी कहानी कह के और 'सरस्वती' से पा गया रुपए पाँच सौ, साथ में 'धुरंधर' कहानी की प्रशंसा, तो मेरा भी मन 'पिलाकी माने फय' करता उछला।

फिर क्या था—जब वह बोला 'सरस्वती' वाले पाँच सौ देते हैं और बोला भाभी आप कहानी हैं और उस शाम 'भाभी' ने मेरी जान साँसत में डाली आधा किलो पेड़े की खातिर और फिर लुटाने चलीं घर का घी और मेवा सुठौरे बनाने, तो मेरी कल्पनाशक्ति उछली पिलाकी माने फय, यों

लिखते हैं पाँच सौ रुपए, माफ़ी कहानी, असल को जोड़ो, बुनो, कतरब्योंत हो कहानी तैयार। पॉकेट भी, कल्पना भी फूली-फूली!

लेकिन अभी चाहिए आठ रुपए। अपने जेब ख़र्च को नए कामों में लगाना मुझे मंज़ूर नहीं। रफ़ीक़ से माँग लूँ तो वह भी तो जेब ख़र्च से ही लौटाना होगा। पान, सिगरेट, चाय पर कटौती यानी कि...।

मिसेज़ कपड़ों के मामले में तो ख़ूब समझती हैं कि रुतबा बढ़ाने के लिए ऊपरी चमक-धमक ज़रूरी है। मेरे नाप के महँगे सफ़ारी सूट ले रखे हैं कि फटे जाँघिया-बनियान का ऊपर अता-पता न मिले। अपने लिए भी कहती हैं, इतनी साड़ियाँ तो हों कि अदल-बदल के पड़ोसियों को भुलावा दे पाएँ कि एक और नई, हर बार नई। पर पान, सिगरेट, चाय खिलाने-पिलाने से भी मेरा कच्छा-बनियान छिपता है, वह नहीं मानतीं। ऊपर की कमाई भी नहीं हो पाई है, क्या करूँ?

कल्पना देवी, मैंने चिरौरी की।

येल्लो इतनी आसान बात न सूझी, कल्पना देवी ने प्यार से एक बोसा मारा। इसी कहानी–जिसे मैं शब्दशः उठाऊँगा और शब्दशः उतारूँगा–का वह दृश्य जब राजू बोला, भाभी आप कहानी हैं और दमक उठा 'भाभी' का चेहरा। वही कहो, दमकाओ मिसेज़ के चेहरे को। और बढ़ा दो हाथ।

'क्याऽऽऽ? सच्ची-मुच्ची की कहानी? मुझ पर आप लिखोगे?' चमक गया 'हिरोइन' का चौखटा।

"हाँ रे। तुम तो जीती-जागती कहानी हो।" मैंने रुपयों और पैसों को जल्दी से जेब में ग़ायब कर दिया। "तितली-सी रंग-बिरंगी, रुपयों-सी कड़कड़ाती, सिक्कों-सी खनखनाती। लिखना क्या, बस वरबेटिम उतार दूँगा तुम्हें पन्ने पर और देखना जेब में..."

या खुदा! ऐन पल पर ज़बान काट ली अपनी। पता चले जिस लिए इतनी क़वायद कर रहा हूँ, वह सारी मेहनत खुद ही गुड़-गोबर कर बैठा। मिट्टी पलीद, न कि मूर्ति! पाँच सौ उन्हें ही थमाने थे तो फिर जो तनख्वाह पाता हूँ उसी से कौन कम मालामाल हूँ?

अब सुनिए, धुरंधर कहानी तैयार है, पर संपादकजी मिसेज़ से भी बड़े तीरंदाज़ हैं। जिस दिन गया अपॉयंटमेंट लेने, उसके बारह दिन बाद का

दिया! नाम और रूप ऐसा कि मैं तो डर गया। श्रीमान धस्माना और लहीम-शहीम! मैं अदना-सा मुलाज़िम एक बैंक की फ़ाइलों में अटका पड़ा, वे छपाक-छपाक इधर पत्रिका में ईस्टमैनकलर में चमकते, उधर टेलीविज़न पर प्रकट होते, कभी अख़बार से रुआब मारते।

पर महँगाई भी तो ऐसी कि हम मध्यवर्गीय बेचारे हिम्मत खो बैठें तो क्या नहीं खो बैठते? इसलिए मैंने फैलाई लकदक मुसकान, कुछ अपने मैनेजर की तरह और किया ऐलान मुझे एक कहानी देनी है।

बोले, "दीजिए।"

मैंने कहा, "अभी कच्चा मसौदा है, पर आश्वासन तो दीजिए कि लेंगे।"

"लिखिए तो।"

मैंने रंगीन चटकदार आवाज़ बनाए रखी और कुछ 'हम रोज़ कुँआ खोद के पानी पीते हैं, हो हो', कहना शुरू ही किया

कि वे बोले—"अच्छी होगी बिला शक़ छापेंगे। आप लिख तो लाएँ। नैक्स्ट।"

मैं एकदम हड़बड़ा गया। मानो कच्छा झाँक पड़ा सफ़ारी सूट के पीछे से! कोई बात नहीं बनी, कोई वादा नहीं, फिर शुरू से...? शब्द मुँह से फूट पड़े—बैंक के एक अदने मुलाज़िम की आवाज़ में—"क्या फिर अपॉयंटमेंट लेने के लिए चार रुपए लगाऊँ और फिर...?"

वे हँसने लगे—'कम इन, प्लीज़ टु सिट।' बोले, "सैक्रेटरी को नाम बता दें, मैं कह दूँगा फ़ोन पर अपॉयंटमेंट दे दे। इनका नाम नोट कर लो। हाँ जी कहिए।"

मैं थोड़ा मायूस हो ही गया था। उस शाम भटकता हुआ राजू के पास पहुँचा—"क्यों राजू बाई गॉड तेरी कहानी को हाथोंहाथ उठाया जा रहा है?"

बोला वह—"देख मुझे कोई झूठा घमंड तो है नहीं। मैं जानता हूँ किस तरह की कहानी की आज माँग है, उसी हिसाब से कलम रगड़ता हूँ।" बोला, "देखो, कहानी अगर दलित वर्ग पर हो"—मैं मायूस हो गया—"या नेताओं की उधेड़ती"—मैं मायूस—"या ब्रज या अवधी या भोजपुरी से

भरी"—मैं मायूस रहा—"या सांप्रदायिक तनावों पर"—वही मायूसी—"या औरत के..." मैं मायूस नहीं रहा, पूरा सुना भी नहीं, उछला पिलाकी माने फय, औरत, औरत! न आदमी, न जनखा, औरत तू ही तो है मेरी कहानी की जान!

मेरी जान, मैंने बीवी को गले लगाना चाहा। अब डरना क्या?

पैसे का खेल सट्टेबाज़ी तो है ही। थोड़ा 'रिस्क' लिये बग़ैर कैसे चलेगा? खुद पर विश्वास हो तो 'रिस्क' भी क्या? मुट्ठी में है तक़दीर हमारी।

और मैं जुट गया उस दिन का शब्दशः ब्यौरा लिखने।

उस दिन

जिस दिन मिसेज़ ने मेरा ब-मुश्किल हासिल माह खर्च ज़ब्त कर लिया; क्योंकि मैं उन्हीं के कहे मुताबिक वह पेड़े लेने गया जो फिर उन्हीं की नई हिदायत मुताबिक नहीं लिया, लेकिन जो इस बीच उन्हें तेनसिंह और हिलेरी की तरह साँस ऊपर-नीचे करनी पड़ी, उसकी भी कोई कीमत है कि नहीं? जिस दिन फिर डाँट के बोलीं, 'लाए नहीं पेड़े, जाओ अभी' और मुझे अपने ही पॉकेट मनी से रिक्शे का पैसा चुकाना पड़ा, उन्हीं पेड़ों के लिए जिनके आते या न आते मेरा माह खर्च ज़ब्त हो चुका था।

उस दिन हमारी मिसेज़ ने राजू और उसकी मिसेज़ को खाने पर बुलाना था।

खाने पर जाने-बुलाने का हमारे यहाँ पाई-पाई हिसाब चलता है। बड़े तो बड़े, बच्चों का भी।

जैसे हमारी बेटी सिल्की की 'हैप्पी बरडे' में उसे ही बुलाया जाता है जिसने बेटी को बुलाया था। उस दिन हमारी खाने की मेज़ के ऊपर रंग-बिरंगे पतंगी कागज़ डोर पर लटकते हैं जो साल-दर-साल 'बरडे' के दिन ही निकलते हैं, गुब्बारे टँगते हैं, केक बनता है और उस पर मोमबत्तियाँ (वर्षों से वही एक पैकेट) सजती हैं। बेटी प्रेजेंट पाते ही मुझे दे देती है, मैं देनेवाले का नाम न हो, तो फ़ौरन पूछ के उस पे लिख देता हूँ और पार्टी के बाद मिसेज़ प्रेज़ेंट देखती हैं, जैसा जिसका वैसा उसे मिलेगा। कुछ तो ऐसे निकल आते हैं कि उन्हें ही किसी और के लिए तय-बंद कर देती

हैं—अब बिस्कुट का पैकेट क्या खोलना, दे देना किसी की 'बरडे' में और ये तो चार-पाँच साल के बच्चे के लिए है, सिल्की, तुम तो बड़ी हो, अग्रवाल आंटी के बाबा को दे देना।

जो जैसा दे वैसा पाए। जैसी करनी वैसी भरनी। राजू की मिसेज़ ने क्या खिलाया, उसी टक्कर का हम खिलाएँगे। डालडा को डालडा, देशी घी को देशी घी।

"ये कंजूसी नहीं, किफ़ायत है", मिसेज़ आँख तरेरती हैं, "और ये न करूँ तो जो इने-गिने नोट माह के माह पकड़ा देते हो उसमें ये लिविंग स्टैंडर्ड न बन सकने का।"

इसी किफ़ायत का करिश्मा कि हमारे यहाँ कोई चीज़ फिंकती नहीं जब तक कि बाक़ायदा बूँद-बूँद कतरा-कतरा न निचुड़ जाए। मंजन की ट्यूब देख लें, बात साफ़ हो जाएगी। जैसे गरमागरम लोहा कपड़े पर चला दिया हो। अभी भी फिंकने का दिन दूर है। अभी ट्यूब फाड़कर खोला जाएगा और टूथब्रश उस पर रगड़-रगड़ के मंजन के कण बटोरेगा।

फेंकने से दुश्मनी है मिसेज़ को। भाजीवाले की लारी से गिरी-फिंकी हरी मिर्च, धनिया पत्ती, कभी एक भिंडी भी, इस्तेमाल कर ली जाती है। माचिस की तीली तक बार-बार काम में लाई जाती है, यों ही दन से फेंक नहीं दी जाती। जी नहीं, कान साफ़ करने के लिए नहीं, खाना पकाने के लिए। एक तीली से गैस जलाई, उसी से दूसरी तरफ़ जलाया, उधर बुझाने के पहले फिर उसी तीली से इधर जलाया, फिर-फिर उसी से इधर-से-उधर जलाया। तीली एक, काम अनेक।

एक ही में अनेक काम कर लेना इस घर का धर्म जानिए। रोटी सेंकी तो गरम तवे पर कल की सब्ज़ी फैला दी—बिना गैस लुटाए सब्ज़ी गरम। कड़ाही में कुछ पकाया तो जो घी लगा रह गया उसमें दाल गरम कर ली। मिसेज़ तो गैस भी खत्म होने के बाद, सिलिंडर उलटा करके ठोंक बजाकर दस मिनट और खींच लेती थीं, पर गैसवाले ने डाँट दिया कि इसी तरह सिलिंडर फटते हैं और दुर्घटना में हम बदनामी पाते हैं। तब से केवल हिल-हिल हिलाती हैं और दो मिनट और निकलती पीली-पीली लौ पर गरम चीज़ सूत भर और गरम कर लेती हैं।

धोवन का भी हमारे यहाँ खास चलन है। क्या धोवन नहीं जानते? ऐसे खर्चीले ज़माने में? जब कुकर में से कोई चीज़ उठा के फ्रिज में रखनी हो तो जो पेंदे में लगा रहा जाता है आख़िर कैसे निकालेंगे? धोकर ही ना? कटोरी भर पानी डालिए, हर तरफ़ से माँज-माँज के धोइए, और जो हलदिया जल है, जिस पर कुछ कण तैर रहे हैं, उसे बाकी के साथ फ्रिज में सहेज दीजिए। और वह जो दाल पर सफ़ेद थक्के हैं, दूध है—आठ रुपए किलो। जिस बरतन में दूध था उसी में दाल रख दी, ताकि खुरच आए सब माल।

अब खुरचन कहिए या धोवन कहिए या किफ़ायत कहिए या जी में आए तो कंजूसी ही कह दीजिए, हम इसी के किए इज्ज़त को जीवन बसर कर पा रहे हैं।

ज़ाहिर है उस शाम का 'मैन्यू' भी नाप-तोलकर तय हुआ। मीठा क्या रखा जाए मिसेज़ ने पूछा तो मैंने कहा जो गाजर का हलुवा रखा है। चढ़ बैठीं—चार किलो दूध पका-पका के बनाया है, गाजर भी खरीद की है, केवल शीरा उन गुलाबजामुनों का है जो फूल काका ले आए थे। और राजू के यहाँ क्या मीठा मिला था—श्रीखंड! दही का दही! ज़रा सा बादाम कतर के डाल दिया तो हमारे खोए से मुकाबला लेंगे?

बोलीं "वह पेड़े ले आओ, श्रीखंड भी तो बाज़ार का ही था।"

सुबह से घर व्यस्त हो चला। महरी के सिर पर सवार हो के मैलामाइन का डिनर सेट अलमारी से निकला, धुला, पुछा। मेज़ पर कटवर्क का विदेशी प्लास्टिक मेज़पोश बिछा। यों तो हमारा ड्राइंग कम डाइनिंगरूम हमेशा सजा-सजाया रहता है, (मेरे सफ़ारी सूट की तरह!) पर उस दिन खास लकदक लाई गई। और कच्छा, बनियान, माफ़ी, अंदर के कमरों, पर भी तवज्जोह दी गई, क्योंकि कोई बाथरूम जाना चाहे तो भीतर आना ही होगा। बाथरूम में वही बैंगनी फूलोंवाली नर्म रोंएदार तौलिया टँगी, जो कल सुबह मिसेज़ खुद नर्मी से धोकर अंदर कर देंगी।

सब तय-फिट। मैं चला काम पे कि लौटते में पेड़े ले आऊँगा।

अब आप ही बताइए मुझे कहाँ से खबर हो जाए कि मेरे निकलते ही मिसेज़ को किचन की खटर-पटर में वह अमूल पाउडर मिल्क का डब्बा

मिल जाएगा, जो बड़के भइया अपनी बेटी स्वीटी के लिए लाए थे और भूल से छोड़ गए। होली पर हमें उनके पास जाना था, पर गए नहीं सो डब्बा न लौटा, न इस्तेमाल के लिए याद रहा।

पहली चीज़ मिसेज़ ने देखी वह थी एक्स्पाइरी डेट—ठीक हफ़्ता भर पहले तारीख निकल चुकी थी। इतना सारा, *इतना सारा* दूध फिंक जाएगा? न, न फूलबतिया को ही दे दूँगी, घोल के बच्चों को पिला दे।

दूसरी चीज़ मिसेज़ ने सोची कि ऐसे भी नहीं होती होगी एक्स्पाइरी कि आज की तारीख है तो रात बारह का डंका बजा नहीं कि दूध ज़हर हो गया? तारीख का मतलब होगा कि बस अब बहुत दिन और न करिए।

हाँ-हाँ और क्या मिसेज़ ने दूसरी चीज़ और ज़ोरों से सोची और चुटकी भर पाउडर मुँह में डाल के उसके ज़ायके पे झूम उठीं।

तीसरी चीज़ सोची...कि होश गुम होने लगे। कि क्यों न इसी से आज शाम के लिए खीर बना दूँ? खीर? हाय पेड़े ऽ ऽ ऽ!

दौड़ाया महरी को बस स्टॉप, रोको उन्हें, पैसा फुँक जाएगा, पर मैं तो जा चुका था।

बताती हैं कि उनका दिल यों धक-धक-धक-धक करने लगा और दिन भर करता रहा। कि अब बैठा, तब बैठा! कि हाथ-पाँव सुन्न पड़ गए, अब गिरीं, तब गिरीं! और तो भी वह गईं धड़धड़ाती हुईं बाहर कि पाँच रुपए रिक्शे की दूरी पर पेड़ेवाले को ही आगाह कर आएँ।

दुकान अपनी थी इस लिहाज़ से कि वहीं से पेड़े लेते रहे थे। बोल आईं न देना हमारे मिस्टर को पेड़े और ये चिट्ठी हमारी दे देना। लौटते में इस अचानक आन-पड़ी फ़िज़ूलखर्ची की वसूली के फेर में एक शीशे का बयाम ले आईं, क्योंकि हमारे यहाँ नींबू के छिलके भी फिंकते नहीं—बयाम में चीनी, नमक, मिर्ची में डूब के अचार बन जाते हैं।

लौटीं, पर जो डर से कलेजा उछला था एकदम सही जगह लौटने में भी वक़्त लेगा ही। फिर बात भी ऐसी ही थी—मान लो खीर बना डालें और दुकानदार भूल जाए या मैं संदेश न समझूँ, मैं हूँ इसलिए, और पेड़े भी आ जाएँ तो...। उनका दिल फिर डरावनी रफ़्तार से कूदने लगा। अब

हो देरी और बढ़े काम, पर खीर तो मेरे आने पर ही बनेगी, पेड़े वाकई न आएँ तो ही।

जैसे-तैसे यह तय किया कि एक और खयाल कौंधा। कहीं मैं पाँच रुपए बचाने के लालच में, अपनी कंजूस-प्रवृत्ति के अनुसार रोबी दा के सस्ते पेड़े न लेने की ठानूँ! सुना उनका हार्टअटैक मुँह को आ गया, (तभी बेशक हार्ट बच गया!)—यहाँ दर्द उठा और खड़ी हुईं तो अँधेरा छा गया।

किसी तरह फ़ना होती रूह को पकड़े रखा और फूलबतिया को बेनिगरानी में दोबारा छोड़, (कलेजे की बात तो यह थी!) किया फिर रिक्शा (यह भी) वहीं के लिए क्योंकि दोनों पेड़ेवाले पास-पास थे।

रोबी दा से निवेदन किया कि जानते हैं ना, वह गंजे हैं, मोटा चश्मा पहनते हैं, चारखाने का नीला सफ़ारी सूट पहने होंगे, चमड़े का बैग होगा? मना कर दीजिएगा पेड़े नहीं।

ऐसे कैसे हम जानें? दुकानदार क्षुब्ध हुआ।

बहुत आसान है, मिसेज़ हाँफ पड़ी, थोड़ा नाक से बोलते हैं और बात-बात पर नाक की नोक जो गोल है, यों दबाते हैं, उन्होंने उँगली से मेरी तरह दबाया।

पर दुकानदार के चेहरे पर यकीन नहीं आया।

बोलीं मुझसे—तुम कभी सोच पाते, करा देते चूना, देखो, मैं कैसे बचवा गई उससे यह मनवाके कि लेने के घंटे भर में लौटा दें तो प्लीज़ ले लेंगे वापस? और देखा तुम्हें लौटाना भी नहीं पड़ा।

जब लाया ही नहीं तो...।

दहाड़ीं वह—सब मेरी सूझ-बूझ है।

खीर तब जाकर चढ़ा पाई थीं और यह इत्मीनान कर कि पेड़े नहीं मेरे हाथ में, तर्जनी हिला-हिला के चीख रही थीं—कितना परेशान कर देते हो मुझे, मर न गई एक दिन तो कहना। लाओ दो बटुवा, यह क्या कि तुम्हारी करतूतों का भुगतान भरूँ मैं?

दो लीटर गाढ़ा दूध बना। एक कटोरी चाय-वाय के लिए निकाला, ताकि रोज़ आनेवाले दूध की मलाई उस रोज़ और मोटी हो ले।

फिर आए राजू और उसकी मिसेज़।

"कानों में असली पहने है।" मिसेज़ फुसफसाईं। "कितना पैसा है छी-छी इन गुजरातियों के पास। मार्केट में ऐसा ही इमिटेशन में मिल रहा है, आधे दामों पर, लेकिन तुम मक्खीचूस से क्या उम्मीद करूँ? पर मुझे चाहिए भी नहीं। सब दिखावा है, पड़ोसी को जलाने के लिए, छी।"

खाना भी हो गया। खीर के लिए कटोरी चम्मच रख मिसेज़ फ्रिज से खीर निकालने उठीं तो मैं उसे आख़िरी सीन समझ रहा था। कि तभी राजू ने अपनी मिसेज़ को छेड़ा कि पहले मीठा छूती न थीं, अब हर दम मीठा, लगता है तीसरा मुझ पर जा रहा है!

ऐं ऽ ऽ ऽ, मिसेज़ मेरी लट्टू की तरह घूम गईं।

इससे कब का कहा है, राजू मेरी तरफ़ देख के बोला, तूने बताया नहीं?

मैं धँस गया। भूल गया था, इतनी खास बात लगी भी नहीं थी।

हाय-हाय मिसेज़ खुशी से गद्‌गद हो गईं। माँ-सास कौन आ रहा है?

एक थीं नहीं, एक गुजरात में कहीं खाट से लगी थीं।

कोई नहीं, हम तो हैं। हमारे लिए इनकी अम्मा आईं और दिक ही करती थीं। पर...और वे फुलझड़ियों-सी नसीहतें बरसाने लगीं।

दोनों औरतें किसी पुलक-भरे लोक में, हम दो आदमियों को कहीं परे ढकेलकर।

"वह खीर..." मैंने कटोरी उठाई।

झड़प के बोलीं—"पेड़े दे क्यों नहीं रहे?"

"पेड़े?" मैं याद दिलाने लगा—"तुम्हीं तो..."

कि उन्होंने ऐसे काटा जैसे मैं सुपारी वह सरौता—"भूल गए? कमाल हो? तभी मैं सोचूँ दिख क्यों नहीं रहे। अभी जाएँगे आप, फ़ौरन लाइए, देर से बंद करता है वह। फ़ौरन।"

मैं दंग। एक नज़र राजू पर डाली जो दयाभाव से मुझे देख रहा था, एक नज़र कटोरी-चम्मच पर डाली कि पेड़े खाने की यह नई तहज़ीब है क्या, और लँगड़ाता चला।

पेड़े लाया तो कहीं छिपा के रखी—मुझसे भी—काजू की बर्फ़ी निकल चुकी थी और गाजर का हलुवा चाँपा जा रहा था।

पेड़े प्लेट में लगाती हुई दाँत पीसकर मुझसे रसोई में बोलीं–"शर्म नहीं आती, माँ बननेवाली को दोगे? डब्बा उठाओ, देखी एक्स्पाइरी डेट?"

खीर न निकली, सब निकला, और मेरा ज़ब्त किया बटुवा जो निकला तो निकला ही रहा!

और राजू, नहीं आ रहीं सास तो क्या! मेरे पास निरा घर का घी है, उसमें बनाऊँगी सुठौरे, ले जाना, कह दिया ना।

तो राजू बोला भाभीजी आप तो कहानी हैं।

जो लिखी मैंने। शब्दशः उतार के।

दोबारा धस्मानाजी के पास।

वे बोले क्या, पता है? बोले-'रिजैक्टड'।

हाय-हाय हार्टअटैक मेरे भी मुँह को आया, कहानी नहीं है क्या यह?

सो हो सकती है, बोले, पर नया क्या है, हर मध्यवर्गीय गृहिणी की कहानी है।

औरत की। मैंने समझाया। गृहिणी औरत है।

नहीं चलेगी। मेरी मानिए।

कैसे मान जाऊँ? लुटा-पिटा मैं। इधर भी, उधर भी और कहानी 'धुरंधर' राजू की?

तो मैंने फिर कल्पनादेवी को याद किया। हाय, उन्होंने प्यार की एक दुल्लत्ती लगाई।

फिर सुनिए जीता कौन?

मैं।

रही बात कि कैसे तो देखिए यह गुर तो राजू सिखा ही गया है कि वरबेटिम लिखो, शोषित पर, नेताजी पर, औरत पर, तो क्यों बयान बेकार करूँ? कि धस्माना और मैं किस तरह....?

कहूँगा, अगले पाँच सौ रुपए में वह! तब तक वे खुश, मैं भी, और मिसेज़ भी, जो कहती हैं कि एक ही तो काम करा इन्होंने, 'सरस्वती' में एक कहानी लिख गए, पर लिखवाई किसने और उसे क्या मिला?

आजकल

मैं हर रात बरामदे में आकर बैठ जाता और उसी तरह बैठा रहता। जैसे किसी नाटक में मेरी यही भूमिका है। नींद भाग गई थी और दूर कहीं से आते शोर में जा मिली थी। जो मेरे कानों में वहम का जोर लिए बजता रहता। कि आ रही है भीड़ इस तरफ भी।

आ भी जाए तो मेरा कुछ नहीं बिगाड़ेगी ऐसा मैं जानता था, हालाँकि शर्म से यह बात खुल के अपने से नहीं कहता था।

शर्म बहुत आने लगी थी इन दिनों। आँख गीली हो जाती। शायद मैं बूढ़ा होने लगा था। कहते हैं बुढ़ापे में सार डिफेंसज़ ढिलाने लगते हैं शरीर के साथ-साथ। आँसू निचोड़नेवाला लैक्रीमोस ग्लैंड नगरपालिका का नल हो जाता है—खोलो तो सूखा, छुओ नहीं तो जब चाहे फुक्का मार के फट पड़े या मनमानी टप टप टप टप करने लगे। यह हाल था कि शीशे में देखने से कतराता था जैसे डर हो कि अपनी दाढ़ी-मूँछ की याद में रो पड़ूँगा। और आलम यह कि शीशे से दूर हूँ तो भी लैक्रीमोस ग्लैंड दब जाता!

दाढ़ी मूँछ साफ़ कर दी थी और चेहरा बदला-बदला था पर वैसे मुझे कोई डर नहीं था, मुझे क्या डर, जब सारे में ढिंढोरा पिटवा दिया था कि आजकल *मैं* आया हूँ, यहाँ हूँ और जानबूझकर घर का दरवाज़ा खुला रखता और ऐसे बैठता कि पास पड़ोस के मुझे साफ़-साफ़ देख सकें, खासकर अल-सुबह जब कलुवा अपनी कोठरी से पूजा की आरती लेकर आता और मैं उसके लिहाज़ में आरती ले लेता और फिर पहले की तरह कहता, अब ज़रा बमपलाट कड़क चाह पिलाओ, और वैसे भी बात बेबात बाहर निकल आता, यहाँ बरामदे में कि लो, जो हो कहीं, देख लो, पहचान लो, *मैं* हूँ, और कोई नहीं, शान्त रहो।

शान्त क्या, सन्नाटा रहता आजकल। दिखती तो कभी कोई अधेड़ गृहिणी दिखती, सौदा सुलफ की झोली लिए या कोई नौकर साइकिल पर दूध की बाल्टी लटकाए। जब सुबह, चन्द घंटों के लिए कर्फ़्यू में ढील कर दी जाती। साइकिल पर दूध की बाल्टी अब भी ठनक जाती पर नौकर के मुँह से गाना नहीं निकलता, कह दो ना कह दो ना यू आर माई सोन्या। इससे समाँ ज़रा कुछ मनहूस हो गया था। पहले यह था कि इस गाने को सुनकर ऐसे कान पके कि पहला सुर लगता कि मैं दाँत पीसता हुआ कूदकर जाता और 'ठक्क' से टीवी बन्द कर देता और जैसे 'ठक्क' से टीवी बन्द करना शहर भर के टीवीयों को ऑन करने का स्विच था, हर तरफ से वह गाना बजने लगता। पर अब गाना कहीं किसी बिल में दुबक गया था।

और तो और जवाँ खून तक दुबका ठंडा पड़ा था, और चाहतीं लड़कियाँ तो निडर घूम सकती थीं कि पड़ोस के लौंडे लपाड़े सीटी बजा के उन्हें सताने से परे निकल गए थे।

निकल नहीं गए थे, निकल ही नहीं रहे थे।

जो युवक निकल रहे थे दूसरे थे। दूसरी जगहों से। लोकल नहीं, लोग कहते। वह शहर के घंटा घर पर जमा होते, फिर जत्थे बनाकर कभी इस तरह कभी उस तरफ भालों, त्रिशूलों की नोंक पर अपने नारों को उछालते निकल रहे थे। अफ़वाह थी कि अब इधर का प्लान है।

पर मुझे निडर होकर बरामदे मे बैठना था, बैठा रहता। मुझे यहाँ सब जानते हैं, किसी से पूछ लो, नाम, धर्म, जो चाहो देख लो, पहचान लो, मुझे डर नहीं।

मगर डर कोई सीधी सादी चीज़ तो है नहीं कि तभी है जब कह सकें इसलिए है। हवा में वह सनसनी बनके एक बार जो जा मिले, फिर जो भी गलती से साँस के संग खींच ले, उसी में समा जाए। जैसे भटकता प्रेत हो जो किसी के भी शरीर में घुस जाता है, फिर बच्चे के मुँह से बूढ़ा बोलता है, औरत के मुँह से मृत आदमी। यों होता है डर का भी मामला। यह जानते हुए भी कि मुझे कोई खतरा नहीं, मुझे क्या खतरा हो सकता है, वह मेरे निडर भाव के पीछे से बँधी गठरी-सा उछल कर खुलने लगता, खुल

जाता, निडरता को लाँघता पार कर जाता, मेरा सन्तुलन इतना गड़बड़ाते हुए कि यही एक मैं, इस पल हीरो हो सकता हूँ, कि लो लोमड़ियों मुझे मारो, इस खून के एक-एक कतरे की कीमत है, और यही एक मैं, अगले पल दुम दबाए, खुद लोमड़ी बना, इधर कि उधर झाड़ी तलाश सकता हूँ कि कहाँ जान छिपाऊँ?

मैंने उठ के बरामदे की सारी बत्तियाँ जला दीं। यह भी कर देता हूँ। रात के मरियल बल्ब से यह भ्रम पैदा हो सकता है कि छिपना चाहता हूँ, *गलत* आदमी हूँ। पूरी रोशनी में बैठ गया कि पूरा दिखूँ, उजला, अभय, *सही...*।

असल मे कल होली है। छोटी होली। कल होलिका जलती है और आजू-बाजू बैठे लोग होरी गाते हैं और जौ गेहूँ की नई-नई बालियाँ भूनते हैं।

मेरे बचपन में होलिका दहन का बड़े उत्साह से इन्तज़ार होता। दिनों पहले से लकड़ी बटोरने का सिलसिला शुरू हो जाता। नुक्कड़ चौराहे पर ढेरियाँ तैयार। माँ हमारे बदन पर उबटन मलती और रगड़-रगड़ के मैल निकालती, जिसे एक बर्तन में जमा कर देती कि जला देंगे सारी बदी के साथ गन्दगी को होलिका में। साफ हो जाने का दिन था। धमाचौकड़ी मचाने का। हम पश्चिम तो थे नहीं कि ओरिजिनल सिन के बोझे से दबे-टूटे सदियों दर सदियों तड़पें। हम पूरब थे, हैं—एक झोंक में मैला स्वाहा, हर बात में रंग, हर काम में रंगरलियाँ, हर धूम में त्यौहार!

हमारी युनिवर्सिटी में भी होली जलने के दिन लड़के लड़कियों की मौज के ठिकाने न रहते। नाच रहे हैं, छेड़छाड़, रोमांस फ़रमा रहे हैं और हर लपट में, हर मटक में, आनेवाले कल यानी होली के रंगों का शरारती इन्तज़ार है कि देखना किस मोहब्बत से तुम्हें तराबोर कर देंगे।

क्या कुछ बदल गया है?

हाँ कुछ बदल गया है।

आजकल लकड़ी जमा हो तो होलिका दहन की तैयारी है, ऐसा भर नहीं लगता। कुछ भी दहन हो सकता है। आग तो आग है और दिल इतने रूखे-सूखे कि धधकने में कोई देर नहीं लगती। फिर क्या होलिका दहन

और क्या शहर का दहन और क्या इस संसार का ही दहन, कोई भरोसा आग कहाँ तक पहुँचे?

तो सतत् चौकन्ने हो चले थे सबके सब और जब त्यौहार पास आने लगा तो चेतावनियाँ परखचों की तरह उड़ने लगतीं।

मेरा दिल घबराने लगा। सोना तो जैसे भूल जाऊँगा। आज कलुवा भी कह रहा था उससे भी पूछताछ की गई, यह कब आए, आजकल यहीं रह रहे हैं, नहीं रहना चाहिए।

इससे मुझे आश्वासन मिलना चाहिए था। मतलब मैं पहचान लिया गया हूँ और सबको पता है *मैं* यहाँ सो रहा हूँ और मेरी चिन्ता भी है। या नहीं सो रहा हूँ और मेरी चिन्ता भी है! यहाँ।

पर कहीं मन बेचैन हो गया। सबकी नज़र मुझ पे। आदत नहीं यों मध्य-मंच पे होने की। साधारण नागरिक हूँ, अपने निजी कोने में शान्ति से पड़ा रहना चाहता हूँ। यह क्या दमकती बत्तियों में पकड़े जाना? यह बत्तियाँ मुझे कैसे तो पकड़ती हैं, जलाती हैं, मै सुन्न पड़ जाता हूँ, नर्वसा जाता हूँ। किसी कीड़े की तरह अंधी अँधेरी दरार में घुस पाने को कुलबुलाता हूँ। डरता हूँ बत्तियाँ पीछा करेंगी तो वहाँ से भी लुढ़क जाऊँगा और तब कहाँ छिपूँगा, इसलिए शेर का चेहरा ओढ़े खुले में बैठा रहता हूँ, गीदड़-मन अन्दर लुकाए।

जी हाँ, डर तो इसका भी होता है न कि हम सुरक्षित हैं, खुल्लम खुल्ला बरामदे में ऐलान की तरह बैठे हैं, कि देखो *हम* हैं, सुरक्षा के *हम* तो हैं न हकदार!

बैठे हैं बरामदे में और रोम-रोम में ऐसा महसूस कर रहे हैं जैसे चारों तरफ खड़ी इमारतें लोग हैं और उनमें खुलती खिड़कियाँ उनकी आँखें जिनसे हम पलायन की भीख माँग रहे हैं, देखो, नोट करो, कहीं कोशिश कर रहे हैं छिपने की, क्यों करेंगे, पहचान रहे हो न हम हिन्दू हैं? बत्ती भरपूर जला दी है, और जल रहे हैं उसमें, ताकि देखते रहो, *हम* हैं, *हम* ही हैं भई, बख्शो *हमें*।

बाकी घर अँधेरे में। डूबा हुआ।

दोस्त के संग कितने मकान देखे, कितनी ढुँढाई हुई, तब जाकर इस घर पे बात निपटी। क्यों, अपार्टमेंट कि प्लॉट? सिक्योरिटी, आसान मेंटेनेंस, सोचो। पर अपने मन से घर बनाने का मज़ा सोचो। फिर मोहल्लों की जाँच पड़ताल। कौन मोहल्ला ठीक? वह बाज़ार से सटा। उधर सम्प्रदायों की बाँट है। यहाँ सब पढ़े-लिखे हैं, मिले-जुले हैं, कोई प्रोफ़ेसर, कोई डॉक्टर, क्रिश्चन, पारसी सब।

हर लिहाज़ से यह मोहल्ला खरा उतर रहा था और दोस्त ने इस घर के लिए लोन ले लिया और इसे खरीद लिया।

पुराना टूटा-फूटा घर मैं याद करने लगा। बुजुर्ग पीढ़ी गई तो बेटा, नए बिजनेस-मस्तिष्कों की तरह, इस फेर में था कि पूरा घर ढहा दे और मल्टी स्टोरी खड़ी कर दे। इन सारे पेड़ों को काट डालता और सड़क तक फ्लैट भर देता, दमड़ी-दमड़ी मुनाफे के लिए।

मैंने दोस्त की नज़रों से कम्पाउंड में खड़े पेड़ों को देखा।

पेड़ों को बचाने यह घर उसने खरीदा होगा! साइड पर सेमल का पेड़, बरामदे में चमेली की पुरानी खमदार डाल, सामने कचनार और आम, बारहमासी नींबू और नीम। पुराने पेड़, जिनकी जड़ें यहीं थीं, किस मुनाफ़े के लिए उन्हें समूल उखाड़ें? खुशी भी हुई कि लोगों को बीज से शुरू करना होता है, यहाँ तो सामने साएदार पेड़ पहले से मौजूद हैं। हम समझ रहे हैं हम उन्हें गोद लेंगे, असल तो उन्होंने हमें गोद ले लिया है।

ममता हमसे नहीं उनसे फल फूल रही है।

वह सुबह-सुबह सैर करते यहाँ चले आना।

पेड़ों की प्यारी हवा में चाय पीना।

वह नंगे पैर लॉन में टहल करते हुए कलियों, फलियों को निहारना।

वह दिल को कभी इस डाल पर टिका देना, कभी उस पत्ते पर झुला देना।

वह पंख कभी इस पेड़ पर बैठे पक्षी के संग खोल लेना, वह चोंच कभी उधर चूँ चूँ करते पक्षी के संग चला देना।

न जाने ये पेड़ बचेंगे, मेरे मन में आया और मैं फिर उद्विग्न होने लगा। भीड़ की आवाज़ भी आने लगी, दूर से पर ज़ोर की। जैसे हियरिंग एड लगी हो तो हल्की सी आवाज़ कान-फाड़ हो जाए। सूई गिरे और बम फटे।

तभी मुझे वह दिखाई पड़ा। एक साया। समझ रहा था कोई उसे नहीं देख सकता पर मैंने देख लिया। मोहल्ले की इमारतों को छोड़ता हुआ सामने की सड़क पर चला आ रहा था। वह सड़क सीधे यहीं आती है, उस पर चलनेवाला भी यहीं आता है।

वह सड़क के किनारे लगे पेड़ों का साया बना हुआ था।

चोर उचक्का ही ऐसा करेगा, मैंने घबरा के सोचा। अजीब-सा डर उसी पल से मेरे भीतर आने लगा। इस घर में घुसने के लिए उसे सड़क के बीच होना पड़ेगा, म्युनिसिपेल्टी की बत्ती के नीचे, फाटक के आगे। तब मैं क्या करूँगा? तब तो वह साफ दिखेगा। हालाँकि फाटक पर लगे गोल लैम्प मैंने रात खाने के बाद बन्द करवा दिए थे।

पर वह फाटक के सामने न आकर साइड की बाउंड्री वॉल से लगा-लगा चलने लगा। साया ही रहा। दीवार के ऊपर गोते खाता बढ़ता उसका सिर।

उधर कहाँ जा रहा है, मैं हैरान हुआ। वहाँ बस सीमेंट का घेरा है, जिसमें मोहल्ले का कूड़ा सड़ता है। सायों में एक साया वह उधर ही जा रहा था। न देखेा तो पेड़ का साया, देखो तो चोर-उचक्का!

उसका इरादा क्या है मैं सोचने लगा। पर जड़ बैठा रहा। दिल ज़ोरों से धड़के और तन काठ होता चले। कुछ न हो, कुछ न हो, दिल कहे और बैठा ऐसे हूँ जैसे गोंद पर। या क्या इस निराले ज़माने में सोच रहा था यों ही पड़े रहने में ही ठीक है?

कनखी से देखता हूँ साया घूरे पे रुक गया। जहाँ दीवार के इस तरफ, घर के कम्पाउंड में, वह बड़ा-सा सेमल का पेड़ है, जिसकी डालें उस तरफ, गली में जहाँ वह खड़ा था, लटकती हैं।

सेमल का पेड़। होली के दिनों में, फागुन के महीने में सेमल फूलता है। सारे पुराने पत्ते झड़ चुके हैं। फुनगियों पर छोटे-छोटे दूब-हरे पत्ते शुरू

ही हुए हैं। सेमल के सुर्ख फूलों से इस कदर घिरे कि लगभग गायब। सुर्ख फूल, काले से भौंरे पर लाल-लाल पंखुरियाँ, इस तरह खुली हुई जैसे काली चोंचवाले लाल पक्षियों के झुंड के झुंड पेड़ की डालियों पर कतारबद्ध खड़े हैं पंख फड़फड़ाते कि अब उड़ें कि तब उड़ें।

कि अब उड़ें कि तब उड़ें, कि फुर्र आकाश में, कि तभी साया उड़ा और फुर्र से सेमल की डाल पे।

चिड़िया!

और दीवार पे उचक, इस तरफ की डाल पर लटक गया।

बन्दर!

यही एक कदम आगे और बीसियों कदम पीछे लौटने का हमारा हुनर!

लटका रहा कि जैसे सेमल पर लटकने आया हो! मेरे मन ने पागल हाहाकार के बीच सोचा, मैं दावा कर सकता हूँ यह जीवन में पहली बार बन्दर बना है।

पर दावा भी किससे और दावा भी क्या?

मैं अजीब ठूँठ-सा बैठा हूँ, और क्या कहूँ! हिलूँ? न हिलूँ? साँसों को दबे पाँव खींचने और निकालने के अभ्यास में रत। आज तो यही नहीं मालूम कि हिलकर जोखिम बुलाते हैं या काठ बनकर।

आजकल तो बुद्धि स्तब्ध है। जो जहाँ है वहीं पड़ा रहने में खैर मानता है कि आग जहाँ लगी है लगे और बुझे और इधर तो न ही आए और हम तब उठें। फिर से उठें। उठ के खड़े हो जाएँ। हो जाएँ शायद।

मैं भी पड़ा रहा। सुन्न। गुमसुम। जैसे पल वह आन पहुँचा है ज़ब सब किस्मत के हवाले है, जो होना है सो हो, अपना दम खम सब रीत चुका है।

साया वहाँ अपनी किस्मत में अड़ा।

बाद में सोचूँगा वह क्या खेल था जो हम खेल रहे थे, दोनों अलग, अकेले, एक दूसरे की प्रतीति से भरे, मगर दोनों यों जैसे एक दूसरे से बेखबर। वह सेमल के अँधेरे में, मैं बरामदे की रोशनी में। चौकन्ने शिकारी की तरह बेपरवाह दीखते, अन्दर ही अन्दर काया साधे कि उछलें...पकड़ें। शायद।

बेआवाज़ वह डाल से नीचे कूद गया इस घर के कम्पाउंड में।

मैं एकदम बुझ गया।

हाँ यही कहूँगा मैं कि एकदम से बुझ गया वरना ऐसे तो न बैठा रहता जैसे कुछ पल्ले नहीं पड़ रहा।

हाँ यही कहूँगा मैं कि कुछ पल्ले नहीं पड़ रहा तभी ऐसे बैठा रहा मैं, अजीब तरह से बुझकर। जैसे मौत की पदचाप पर कोई शान्त हो जाए। मरने को तैयार हो जाए। बेहरकत, बेहड़कंप।

वह जहाँ कूदा था वहीं बैठ गया। एक उकडूँ साया सेमल के तने पर टिका सुस्ता रहा था।

देर तक, देर तक हम उसी तरह अपनी-अपनी जगह अडिग रहे। अजीब खेल में बँधे। इन्तज़ार में बँधे। शान्त आशंका हमारे बीच घिरती, कि जो करना है करो, किसी तरह से। मिले छुटकारा किसी तरह से।

मैं देख नहीं रहा था पर मैंने देखा, वह उठा, पल भर को बत्ती की ज़द में आ गया। मेरा दिल उछला, कहीं मजबूर न हो जाऊँ कि सिर उधर घुमाऊँ, कुछ करूँ। उसने सिर गर्दन में धँसा दिया था। सिहरन-सी जैसे पीठ पर दौड़ जाए, वह रोशनी से अँधेरे में आ गया। घर के साइडवाले दरवाज़े पर। साँप जैसे सिहरन की तरह रास्ते में फहर कर गायब हो जाए।

साया, काठ। चिड़िया, बन्दर, साँप। और क्या-क्या बनना बाकी है?

चटखनी न लगाओ तो दरवाज़ा हलके से उठा के, हाथ जबर्दस्ती अन्दर ठूँस कर, जंजीर खोली जा सकती थी। मैंने सोचा और साँस गले में रोके रहा कि निष्प्राण रहूँ तो प्राण बच जाएँगे।

पता नहीं कैसे पागल हम सब हो रहे थे।

मैं फिर इस घर के बारे में सोचने लगा जैसे साए को भुलाने का यही तरीका है। जैसे साया अलग, यह घर अलग है। जैसे इस पल भी इस घर में वह साया नहीं है।

जलेगा यह घर भी। मेरे साथ। उसके साथ। आज। अभी। कल। होलिका दहन। कह दिया कह दिया यू आर माइ सोन्या।

अफ़वाह कि सच? पर आजकल अफ़वाह को सच बनते देर नहीं लगती। अफ़वाह उड़ी थी और सबने उसे अफ़वाह माना कि संगीत के

उस्ताद की पाँच सौ साल पुरानी मज़ार न छोड़ेंगे, और न छोड़ी, और अफ़वाह अफ़वाह न रही। उस्ताद पाँच सौ साल बाद मर गए।

मौत तभी आती है न जब आत्मा जल जाए!

कौन-कौन मरेगा इस घर के जलने पर? फिर कब तक सूनी देह यहाँ भटका करेगी?

मैं और ठस्स, सुन्न, होने लगा। जैसे कोई लाश से लाशतर होता जाए।

साया स्टडी मे था। बहुत धीरे। धीरे से धीरतम। पर मेरे तो जैसे हियरिंग एड लगी थी। हर आवाज़ मैग्नीफ़ाई हो जाती। दराज़ खोलने, बन्द करने की आवाज़। कागज़-पत्तर सरसराने की। उसकी साँसों की।

साए में हरकत हुई तो पाँव का आगे का अंश रोशनी में दिख गया। बेडरूम के दरवाज़े को सूत भर ठेलता हुआ कि वहाँ से रोशनी की फ़ाँक स्टडी में बार्डर की तरह खिंच जाए। मेरा ही काम था—बेडसाइड लैम्प जला छोड़ना। उसे मैं तब बुझाता जब सोने जाता।

अब उसके टुकड़े-टुकड़े हिस्से कमरे में झलक जाते—कभी हाथ अलमारी के पल्ले पर, कभी पाँव कालीन पर, कभी कन्धा स्विच बोर्ड के बगल में। टुकड़ों के साथ घर की चीजें भी चल-फिर रही थीं। बाकी अँधेरा। पलंग के नीचे से हरा डफल बैग बाहर खिसकता आया। बैग स्टडी में गया और खुटुर-पुटुर वहीं की चीज़ें भरने लगा। फिर उँगलियों ने बाथरूम में टायलेट की चीज़ों को छुआ जिस पर वह निकल कर आने लगीं। बड़ी अलमारी ने हैंगर बाहर किए और हैंगरों ने अपने ऊपर लदे कपड़े फिसला के अँधेरे को थमा दिए। लॉकर की चाबी गद्दे के नीचे से हल्के-हल्के बजती निकली और एकदम छिपे सेफ़ की चीज़ें एक ज़रा से हाथ को बहलाती गईं।

बाद में यही सोचूँगा कि जब मैं बाहर मरा बैठा था, घर के अन्दर की मामूली पुरानी चीज़ें साए के अँधेरे में, परीकथाओं में जैसे, जी उठी थीं। और अपने कोनों कोटरों से निकलकर साए के टुकड़े-टुकड़े तन को छूतीं, डफलबैग में भरती गईं, कि वहाँ मिलकर अतीत और भविष्य पर मश्वरा मीटिंग करेंगीं।

और तो और, किचन की टेबल पर घर के बैक-गार्डन की सब्जियाँ, जो आज ही कलुवा ने तोड़ के रखी थीं, पल भर जाग गईं। और जैसा कि बनस्पति का दस्तूर है, अपनी महक में जिस मिट्‌टी से वह उपजी थीं, उसका सोंधापन डालकर, दूर तक फैलाने लगीं। मानो जिसका इन्तज़ार था वह आ गया। बरामदे में नींबू, लौकी, टमाटर की अलग-अलग खुशबुएँ आईं, जिन्हें मैं बाद में यादों में सूँघूँगा।

मैं धँसता चला गया, भड़कीली रोशनी में। बेबस जाना कि आग आती है तो चाहे तो बरसों से सहेजे ऐसे घरों को झपकियों में मिटा सकती है। मैं धँसा रहूँ? मैं कुछ करूँ? मैं कुछ न करूँ? कहाँ सुरक्षा है कहाँ असुरक्षा! मैं किसे चुनूँ! कब उठना है, कब बैठना है, कैसे पता करूँ?

ये वे सवाल जो बाद में अपनी मनःस्थिति बयान करने में काम आने थे।

साया अब पीछे लौट रहा था। वही घूरे की राह। अन्दर की डाल से बाहर की डाल पर। अन्दर की मिट्‌टी से बाहर की मिट्‌टी पर।

अरे, मेरी कुर्सी मानो हड़बड़ाई। अरे, वह जा रहा है, चला जाएगा, कुर्सी ने धक्का-सा मारा। मैं चेत गया। तेज़ी से बरामदे की सीढ़ियाँ उतर कर सेमल के पेड़ के पास गया। जैसे यह भी उसी खेल का हिस्सा है। मैं इधर वह उधर सधे कदमों से चलने लगे।

एक दिन इस पर भी सोचूँगा—मैं इधर वह उधर! दीवार के। अँधेरे के।

फाटक के पास हम दोनों पहुँच गए, मैं अन्दर, वह बाहर। पर यहाँ खेल की चाल बदल गई—मैं रुक गया, चह चलता रहा।

वह सड़क पर चल रहा था हरे डफलबैग को भी साया बनाए। मैं उसे देख रहा था और वह जानता था मैं उसे देख रहा हूँ। जहाँ तक सड़क सीधी थी वह सीधा चलता गया।

नहीं, मैं सड़क पर नहीं निकला। अब तक नहीं निकला तो अब क्या निकलता? यही कह सकता है कोई कि अब तक नहीं पकड़ा तो अब क्या

पकड़ता? यह भी कह सकता है कोई कि ठीक भी है, कौन जाने आजकल किसने क्या हथियार छिपा रखा है?

जहाँ सड़क मुड़ती है वह उधर मुड़ जाता, मैं इधर, और बस। लेकिन तभी कहीं किसी ने दरवाज़े में धड़ाम से अपने को खोला। हम उचक गए। दोनों! हवा की तरह लरज़कर। एक-सा चौंककर। हम डरकर घूमे, वह इधर मैं उधर। हमारी आँख की पुतलियाँ घूमीं, जैसे घड़ी की सुई टिक से, अगले पल पर।

उस एक अकेले पल पर, जिसमें हम एकटक एक-दूसरे को देख रहे थे। सारे अँधेरे को चीरते हुए।

ऐसा पल जो हमेशा के लिए ठहर जाता है।

ऐसे पल कहीं नहीं जाते। ऐसे पल कहे नहीं जाते। ऐसे पल सबकुछ समेट लेते हैं। और सबकुछ मिटा देते हैं। ऐसे पल वे पल हैं जिनका विश्लेषण, चीर-फाड़, समाज-शास्त्री, लेखक, धर्मज्ञ, मनोवैज्ञानिक, सब सदियों-सदियों करते रहते हैं और कहीं नहीं पहुँचते।

ऐसे पल वे हैं, जो नंगा कर देते हैं, और नंगापन असल में तो भोंडा होता है, उस नंगेपन के बाद क्या बचता है, कुछ नहीं बचता।

मैंने सिर झुकाया तो गुस्से का कोई जज़्बा, इस तरह फँसा-फँसा होने पर, मेरे अन्दर उठा। उस मुसलमान दोस्त के प्रति जो साया बनकर यहाँ आया है, अपने ही घर में सेंध लगाने, मुझे अपने इस कर्म के लिए खुली सी आड़ बनाके, ताकि वह एक डफलबैग में अपने जीवन भर की जमा-पूँजी बटोरे और दफ़ा हो जाए, चूँकि अफ़वाह उड़ी है कि घर जलेगा और वह भी और वैसे एक को जला देना दोनों को जला देना ही होगा और वैसे ऐसी अफ़वाह उड़ा देना भी दोनों को जला देना है। और बस आगे सड़क खाली थी और पीछे सेमल के पेड़ के सुर्ख फूल पंख फैलाए कतारबद्ध बैठे थे कि झुलस के गिरें उससे पहले उड़ जो जाएँ, न जाने निराशा में कि विफल आशा में...

मार्च माँ और साकुरा

जब मेरी माँ जापान आई तो साकुरा खिल उठा।

मुझे उसी दिन कुछ लग गया था जिस दिन मैं उसे लेने हवाई अड्डे गया। मैं अराइवल-लाउंज में खड़ा था और आदत के विपरीत एयर-इंडिया का विमान वक़्त से पहुँच गया था। मैं बेहद घबराया हुआ भीड़ को देखने लगा। एयर-इंडिया के यात्री निकलने लगे। कहीं वह इधर-उधर चल दी तो न जाने लाउंज के किस कोने में डरती खड़ी रहेगी। हर चेहरे को मैं घूर रहा था। भारी भरकम सामान लिए लोग बढ़ रहे थे। दिल्ली में घरवालों ने बिठला दिया होगा, सामान-वामान चेक-इन करा दिया होगा पर यहाँ तो उसे खुद ही अपना सूटकेस कनवेयर-बेल्ट से उठाना होगा। उठा पाएगी? निरे बक्सों में अपना पहचान पाएगी? बुढ़ापे में यह सब अचानक दीखने थोड़ी लग जाएगा। उसे तो शायद हमारी गाड़ी का रंग और नम्बर भी नहीं पता होगा क्योंकि उसे पिताजी या भाई साहब चलाते रहे हैं।

तभी एक जवान लड़के के साथ मेरी माँ लाउंज में आती नज़र आई। लड़का ट्रॉली लिए चल रहा था जिस पर माँ का भी सामान था और माँ एक छोटा एयर बैग कन्धे पर लटकाए चली आ रही थी। मैं लपक कर उसकी नाक की सीध में खड़ा हो गया कि वह हर हालत में मुझे देख ले।

उसने देखा और शरमाई सी मुस्कान, जो मेरे पास आने तक शरमाई सी किलकारी बन गई, लिए आगे आई। मैंने झुककर उसके पैर छुए और वह बोली यह भी पहली बार जापान आया है बहुत घबरा रहा है, मैंने कहा मेरा बेटा एयरपोर्ट आएगा वह वहीं रहता है उससे सब पूछा लेना।

तभी मुझे लगा था।

पर यह मैं आज कह रहा हूँ।

तभी मुझे लगना चाहिए था।

कि माँ आ गई है इस साल साकुरा खिलेगा।

जब मार्च आ गया माँ ने मुझे परेशान कर दिया।

पर मार्च बाद में आया। एकदम शुरू के महीनों में मैं ऑफिस से उसे बीसियों बार फोन करता—माँ क्या कर रही हो और वह वही गिने-चुने जवाब देतीः बेटे तुम्हारे कुर्ते में बटन टाँका है, अब नहाने जा रही हूँ या बेटे तुम्हारे लिए गाजर का हलुवा बनाया है, अब वाशिंग मशीन चलाऊँगी। लाख मैंने कहा—अरे माँ इतना अच्छा दिन है बाहर निकलो घर के सामने ही चक्कर मार लो। मगर हर बार वह कहती—और उसकी आवाज़ से मैं जान जाता वही नन्हीं बच्ची-सा मुँह बनाया होगा—नहीं मैं खो जाऊँगी। कमाल है माँ—पर मेरी डाँट का उस पर कोई असर नहीं पड़ता—दूर जाने को कौन कह रहा है और रोज शाम को मेरे साथ उस रास्ते से जाती हो। ऊँ हूँ, वह फुलाए मुँह से कहती। मैं और डाँटता कि सुपर मार्केट तक बार-बार गए हैं, वहीं जाकर दूध, दही, जूस लेती आओ। अरे मैं वापसी का रास्ता पूछ भी नहीं पाऊँगी। जैसे गई वैसे आओगी बुद्धू माँ पर इतना डरती हो तो मेरा कार्ड साथ रख लो, पता दिखा देना, कोई भी बता देगा, बताएगा ही नहीं दरवाजे तक छोड़ जाएगा। कहीं ताला न खुले मुझसे पता नहीं कैसा तो है क्या दाएँ फिर बाएँ कैसे घुमाना पड़ता है, वह मिनकती।

माँ जाओ बाहर, मैं कस के डपटता।

ना रे, वह ठनी आवाज़ में कहती। मैं घर में ठीक हूँ। तुम आओगे तभी निकलूँगी।

जब कभी शाम को मैंने ब्लैकमेल आज़माया कि तुम्हारी वजह से दफ्तर से दौड़ा आता हूँ और कहीं नहीं जाता कि दिन भर घर में पड़ी हो बाहर नहीं निकली हो, जरा तुम खुद निकलने लगो, आस-पास ही...तो वह आँखें तरेर देती और हाथ मेरी तरफ उठाकर फटकार में हिलातीः देखो, बेटा, अब मुझे यह सब न बताओ, याद रखो मेरी उम्र क्या है। और उसकी चूड़ियों में अटका सेफ्टी पिन आवेश में हिलने लगता।

लेकिन फरवरी ख़त्म होने लगा तो सारी डालियों पर नई-नई फुनगियाँ फूटने लगीं। माँ ने मछली की दुकानवाले लड़के से टूटी-फूटी अंग्रेजी में बात करनी शुरू कर दी। जापानी लड़का टूटी-फूटी अंग्रेजी में माँ से पूछे कि मछली कैसे बनाओगी और हिन्दुस्तानी माँ टूटी-फूटी अंग्रेजी में बताए इसका ऐसे अचार डालूँगी फिर तुम्हें भी दूँगी। ऐसी अंग्रेजी कि अंग्रेज को इतनी मिर्ची लग जाए, वही अचार बन जाए!

फिर एक से ज़्यादा नहीं तो एक दिन तो जरूर ही मैंने देखा कि मछलीवाला लड़का माँ की खरीदारी लिए घर चला आ रहा है और माँ आगे-आगे हैंड बैग डुलाती चाभी निकालकर दरवाज़ा खोल रही है।

एक दिन लौटकर आया तो देखा पड़ोसी का जवान बेटा माँ के हाथ का खाना खा रहा है। 'यू लव इनदो फूड' उसने मुझे बताया और यह केवल उसकी अंग्रेजी का नमूना था कि वह 'आइ' की जगह 'यू' कह रहा था।

जब माँ ने हँसते-हँसते उसके गाल पर हाथ रखा और रखे रही तब मुझे भान हुआ कि किसी ने कोई मजाक किया है।

कुछ था माँ के यों हाथ रखने में—शायद औसतन से एक क्षतांश ज्यादा देर के लिए रखे रही या औसतन से ज्यादा दबाव से रखे थी—कि मैंने नज़र फेर ली।

तब!

जब लड़का चला गया मैंने कहा : माँ, यहाँ दूर से झुक जाते हैं, देखा तो है तुमने। नहीं तो अंग्रेजी कायदे के मुताबिक हाथ मिला लो। फिर मैं ही शरमा कर चुप हो गया।

क्या टोकता? जो बातें पहले कही नहीं क्या कहूँ, कैसे कहूँ?

कुछेक कही थीं पर इस तरह उसका उन पर अमल करना और अमल करते-करते कुछ और ही कर जाना, मेरी बोलती बन्द कर रहा था। मैंने ही कहा था ठंड है साड़ी नाइटी नहीं चलेगी, मेरा कुर्ता पाजामा पहनो आराम मिलेगा। पर सोते वक़्त। यानी यह कहना नहीं पड़ा था क्योंकि उसी की बात हो रही थी। मगर माँ ने दिन में भी, उस लड़के के आगे भी, मेरे अच्छे रेशमी कुर्ते, अलीगढ़ी पजामे, ऊँचे सी कर, मेरी ऊनी बंडी के साथ पहनने शुरू कर डाले।

बाहर? शायद मैं मुँह से यह सवाल निकाल नहीं पाया था कि माँ ने करीने से अपने पश्मीना शॉल का छोर अपने कुर्ते—यानी मेरे कुर्ते—पर सजाया और दरवाज़े से निकल कर बोलने लगी : यह बेफिक्री अच्छी है, कोई नहीं बतानेवाला कि क्या पहनो क्या नहीं। कहने लगी, कोई जानता ही नहीं हमारा लिबास क्या होता है।

मैं तो जानता हूँ!

पर यह भी मैं मुँह से निकाल नहीं पाया।

अब देखता हूँ कि माँ मेरे साथ है तो स्टेशनों का रट्टा लगाती है। उनके नक्शे खींचती है। अच्छा तो यहाँ एक ही रास्ता है निकलने का। यह बढ़िया है खोया नहीं जा सकता। डेगुची यानी एक्जिट। वह मुझे घमंड से बताती है। यह है नाकानो शिम्बाशी। इधर बैठो। अब है नाकानो साकाउए। उतरो। उस तरफ़ शिंजुकू के लिए गाड़ी खड़ी है। बस उसमें बैठ जाओ, कहती है, और फिर चाहे आका साका मित्सुके, चाहे गिंज़ा, चाहे तोक्यो, चाहे ओतेमाची, चाहे ओ-चा-नो-मिजू—यह वह रुक रुक के बोलती क्योंकि उसने कह दिया था आचोनामाज़ू और मैंने झिड़क दिया था हालाँकि क्या मैं उसे उसके उच्चारण पर झिड़क रहा था?—चाहे पूरे रास्ते इकेबुकुरो तक जाओ। वाह वह उमंग से कहती जैसे मैंने पूछा हो और उसे बताना हो कि इसमें मुश्किल क्या है?

और उसी ने बताया कि शिन्जुकू ग्योएन जाना है तो शिन्जुकू नहीं उसके दो बाद शिन्जूकू ग्योएनमए स्टेशन पर उतरो।

मैं शिन्जुकू ग्योएन जा रही हूँ, उसने एक दिन मुझे फोन किया। जो लड़का मेरे संग हिन्दुस्तान से आया था उसके साथ घबराओ नहीं।

मैं इस पर घबरा गया। मतलब इस पर और घबरा गया! माँ ये लड़के कहाँ से बटोरती है? माँ इन लड़कों को हल्की चपत क्यों मारती रहती है? मेरे कानों की लवें गर्म होने लगीं। तुम ही कहती हो माँ तुम्हारी उम्र न भूलूँ, मैंने अपने कागजों पर झुककर सोचा।

मार्च आने लगा था।

मार्च छाने लगा तो शाम को शान से कहती है : मैंने साकुरा देखा।

क्या बात करती हो, मैं चिढ़ा। अभी साकुरा नहीं खिलता।

अभी कैसे खिलेगा? उसने मुझसे ज्यादा हिकारत से कहा। आँखों में ऐसी लहक कि जब वह जाएगी, उस लहक को साकुरा के पेड़ों पर फेरेगी, तब ना खिल पाएगा साकुरा!

यह साकुरा की धुन तुम्हें कहाँ से लग गई, मैं जरा कुछ हँसा।

तुम्हारे इस मोहल्ले में तो दूर तक एक ही पेड़ है, उसने बताया। पड़ोसी के लड़के ने उसे बताया था। दिखाया था।

चलो देख तो लें क्या हाल हैं उसके, वह कहती। हर बार बिना नागा खम्बे पर लगा पेडेस्ट्रियन स्विच दबाने के शौक में। मैं इतनी वी. आई. पी. कि एक अकेले मेरे लिए बत्ती हरी हो जाएगी और गाड़ियाँ रुक जाएँगी? दबा देती बटन और खरगोश की तरह सड़क पार करती। साकुरा के तेवर देख तो लें, वह मेरे तेवर पर झेंप कर कहती और हम हमारे मोहल्ले के अकेले पेड़ का मुआइना करते।

मार्च का महीना सिर पर आ ही गया आखिर। हवा ने पागल होना शुरू कर दिया। टेलिविज़न ब्रॉडकास्ट बड़ी-बड़ी ख़बरों में रोज़ाना ख़बर देने लगा कि साकुरा की डालों पर कैसी सरसराहट हो रही है, फूटती कलियों में कितनी मचलाहट खनक रही है।

होकायडो में अभी नहीं खिल पाएँगे, माँ उतावलेपन से टी. वी. पर तस्वीरें देखती। उसकी आँखों में कलियाँ नाचतीं।

मैं हँसा : तुम तो ऐसे कह रही हो कि तुम वहाँ नहीं तो साकुरा कैसे खिलेगा?

मुझे सब जगह जाना है, सब कुछ देखना है, होकायडो भी जाना है, माँ ने बाँहें आसमान की तरफ फैलाईं। मुझे लगा कि उसे दया आ रही है उन कलियों पर जो उसके न पहुँच पाने के कारण खिल नहीं पाएँगी।

तुम छोटी सी बच्ची लग रही हो अम्मा! मैंने वात्सल्य से कहा।

मैं सत्तर की हूँ बेटे, मुझे अब क्या डर। माँ ने हाथ उसी तरह उठाए-उठाए हवा में झटके। मेरे कुर्ते की ढीली बाँह उसके कन्धों की तरफ खिसक आई और कोहनी के ऊपर उसका माँस झूलने लगा। मेरी माँ सत्तर की हो गई थी और मेरे बाप को पहले जैसी सुध नहीं रही थी कि वह पास है कि दूर और वह जीवन में पहली बार बेरोक-टोक, सबको छोड़कर, यहाँ घूमने चली आई थी।

अकेली आई हो? मैं उसे अपने दफ्तर के बाहर खड़ा पाकर सकपकाया।

सब-वे में भी मैं उसे डाँटता रहा पर वह स्टेशनों के नाम रटने में जुटी थी। हाराजुकू पर सिल्वर सीट से वह अचानक जवानों की फुर्ती से खड़ी हो गई और मेरा हाथ पकड़ कर दरवाज़े की तरफ उछली जो बस बन्द होने जा रहा था। क्या-क्या, मैं कर भी नहीं पाया और न मालूम कैसे यह नहीं हुआ कि वह बाहर, मैं अन्दर, हमारे हाथ दरवाज़े के बीच रह गए! मुझे खींचती हुई वह योयोगी पार्क के फाटक पर आ खड़ी हो गई।

दाएँ कि बाएँ वह होंठों में बुदबुदाई फिर बाईं तरफ बढ़ गई।

मैं जानता हूँ मैं जानता हूँ, मेरे अन्दर हताश बूढ़ा सिर घुटनों में छिपाकर बोला, यह यहाँ आ चुकी है किसी युवक के साथ।

शाम ढल रही थी। आकाश घिरा हुआ था। सामने साकुरा के तमाम पेड़ों पर टप-टप बूँदें पड़ने लगीं। माँ उधर ही देख रही थी और मुझे दिखा रही थी। उसी वक़्त कलियों ने कसमसाना शुरू किया होगा। झीनी-झीनी बरसात की उस शाम में साकुरा की शुरुआत थी जो चाँदनी रात में रेत के गुलाबी कणों जैसे चमकने लगे।

मैंने छाता खोला और हम दोनों कुछ देर वहीं खड़े रहे।

फिर तो मैं कुछ नहीं कर सकता था। माँ मेरे हाथों के बीच से फिसल गई। रेत के चमचम कणों की ही तरह। दिल्ली से फोन आता तो मैं घबराता। उस दौरान माँ घर पर न हुई तो क्या बताऊँगा?

मार्च का महीना। ख़त्म होने की तरफ। और मेरी माँ की देखा देखी पूरा तोक्यो पगलाने लगा। उसी की तरह जिसे देखो वही साकुरा-साकुरा गाने लगा। अगले हफ्ते देखना! चार दिन बाद बस! इतवार तक पूरी बहार होगी...! और जैसा होता है कि शुरू में बड़े सयाने और सन्तुलित बननेवाले लोग भी ज्यादा देर मस्त माहौल में सीधे खड़े नहीं रह पाते, मैं भी क्या सुनता हूँ कि मैं भी माँ की तरह गा रहा हूँ, जो राग उसने सारे तोक्यो में छेड़ दिया है उसी में बहा चला जा रहा हूँ।

फिर साकुरा खिल गया। समुन्दर की तरह उमड़ पड़ा। मेरी माँ और सारे तोक्योवासी सिर पीछे फेंक, नज़र ऊपर किए, चलने लगे। जहाँ बस

सफ़ेद फूलों की उफनती लहरें थीं। चलती चली जा रही थीं। चलती ही चली जा रही थीं।

इस तरह आँखें ऊपर किए जब सब चलने लगे तो जाहिर है सबके सब डगमगाने लगे। साकुरा का नशा बरस कर हम सबकी चाल में झूमने लगा। पेड़ों के नीचे रखी खाने की चीजों और साके की बोतलों में साकुरा चढ़ गया।

जितने ऊपर फूल उतने नीचे लोग थे। चिदोरीगाफुची पार्क में। जहाँ माँ मुझे ले आई थी। कोई क्लोज-अप में फोटो खींच रहा था, कोई खुद फोटो खिंचा रहा था। कोई चित्र बना रहा था, कोई खा रहा था, कोई गा रहा था, कोई उछलकूद मचा रहा था। माँ मुझे चलाती, फिर रोक देती, फिर चलाती, फिर रोक देती। नीचे नदी थी, उस तरफ भी साकुरा और उनकी ओट में इमारतें।

वह क्या है, माँ ने पूछा, उस ऊँची इमारत को दिखाते।

फेयरमौन्ट होटल, मैंने जवाब दिया।

माँ रुक गई, एक ढलवे पत्थर पर चढ़ कर। उसके सामने साकुरा की डाली उसके होंठों पर झुकी चली आई।

चूम सकती हूँ, माँ ने कहा।

शायद चूम भी लिया।

वहीं जंगले पर हाथ टिकाए हम दोनों खड़े हो गए। ऊपर-नीचे आगे-पीछे मस्त मदमाते समन्दर के बीच।

काश वह मेरा घर होता और मैं वहाँ रहती और हरदम साकुरा को देखती, माँ ने होटल के ऊँचे कमरे की तरफ इशारा किया।

तब कुछ होने लगा। साकुरा कल्लोलें भरने लगा। समन्दर हिलोरें लेने लगा। और मुझे लगा हम उधर होटल—जो माँ का घर है, होटल नहीं—की खिड़की से इधर हमारी तरफ झाँक रहे हैं और हम वहाँ हैं यहाँ नहीं और माँ साकुरा की पंखुड़ी की तरह उड़ रही है।

मेरे हाथ के पास माँ का हाथ था। रेलिंग से बँधा हुआ, झुर्रियों से घिरा।

पीछे एक घेरे में किसी गुट ने काराओके छेड़ दिया था। मैंने हिप-फ्लास्क से साके निकाली। माँ ने कप होंठों तक छुला लिया। फिर मैंने

कप उठाया, फ्लास्क गर्दन से उतारा और माँ को देखकर जो साकुरा खिल उठे थे उनके नाम 'कम्पाई' करता हाथ माँ की तरफ बढ़ा दिया। तालियों की गड़गड़ाहट हुई, साकुरा की शफ्फाफ चमक में माँ के चेहरे पर रंग उजला गए। फिर उसने मेरा हाथ अपने हाथ में ले लिया और नाचने लगी। साकुरा की पंखुड़ियाँ तितलियों की तरह उड़ने लगीं। और उस पार फेयरमौन्ट होटल, जो होटल नहीं किसी और ज़माने का माँ का घर था, की एक खिड़की खुल गई और वहाँ से माँ जो सत्तर की नहीं, एक तरुणी थी, साकुरा के नीचे मस्त-मस्त फुदकते-नाचते हमें देखती गई...देखती गई...देखती गई...।

साकुरा–चैरी जिसके फूलों के खिलने को लेकर जापान में जश्न, कविता, मस्ती उमड़ती है।

ग्योएन–बाग

सिल्वर सीट–बसों, रेलगाड़ियों में बूढ़ों और अपाहिजों के लिए सीट।

साके–जापानी शराब

काराओके–ऑरकेस्ट्रा। पीछे प्लेयर में बजाते हुए साधारण लोग माइक में मस्ती के लिए गाते हैं जैसे बड़े जबर्दस्त गायक हों।

'साक्षात्कार', अप्रैल, 97

दरार

घर भी उसी की तरह जगह-जगह से चू रहा है! इस ख़याल पर कल्पेश हल्के से मुस्करा दिया। कुछ देर उसने अपनी जगह नहीं बदली, वैसे ही सामने देखता हुआ बैठा रहा। बूँद फिर सिर पर गिरी। छत में एक बारीक-सी दरार पड़ गई थी, जो ठीक उसके सिर के ऊपर खत्म होती थी। बरसात का पानी बूँद-बूँद बढ़ता हुआ दरार के आख़िरी मुक़ाम पर पहुँचकर ठहर जाता, बूँद की एक थैली बना पीछे से बढ़ती आती बूँदों को उसमें जमा करता जाता, किन्तु किसी भी पल अपनी बिसात भूलकर एक बूँद अधिक जो भरता कि पूरी थैली फूट जाती और कल्पेश की खोपड़ी पर फिच से टपक जाती।

कल्पेश ने एक लम्बी आह भरी और अगली बूँद का इन्तज़ार फ़िलहाल छोड़ दिया। कुर्सी पीछे खिसकाई और अपना गिलास पुनः भरने खड़ा हो गया। कट-गिलास के भीतर कैसी हसीन झिलमिल-झिलमिल होती है सुनहले तारों की। गिलास को निहारता हुआ वह खिड़की के आगे खड़ा हो गया।

यहाँ से फाटक दिखाई पड़ता है। किसी ने अपनी ट्रक वहीं खड़ी कर दी थी और कहीं से कोई बकरी पानी से बचने उसके नीचे पहुँच गई थी। सामने धुआँधार पानी की ओट में पार्क का खंडहर बुझता-लहराता नज़र आ रहा था। जगह-जगह छोटे ताल उग आए थे जिनमें गिरती बूँदें फूल-सी खिलते-खिलते मिट जातीं। धुमैला आकाश धरती पर छा गया था।

कल्पेश का चेहरा म्लान हो गया। दिन तो काम-काज में कट जाते हैं, पर यह शामें? न जाने क्या ढूँढ़ने लग जाती हैं? तिस पर यह बरसात

कि कोई .खुद से दूर जाना भी चाहे तो न जा सके। गाड़ी भी वही चला सकता है जो अंधा होकर ड्राइव करता रहा हो!

वैसे, न भी होती यह ज़ालिम बारिश तो भी कल्पेश कहीं नहीं जाता शायद। कहाँ जाए, कहीं भी मज़ा नहीं आता। बहुत होता शाज़ी के यहाँ पहुँच जाता और क्या?

शाज़ी के पास तो अभी भी पहुँच सकता है। छाता उठाए, रबड़ की स्लिपर पहने, और पार्क से 'शार्टकट' मार के, खंडहर के पार उस ओर गली में निकल जाए, चौथा मकान है। पर कौन कीचड़ में छप-छप गन्दगी अपने पर ही उछालता फिरे? और फिर वहाँ भी क्या रखा है? वही बैठे हुए हैं पैर पसार के। यहीं क्या बुरे हैं?

बारह जून को कल्पेश शाज़ी को ज़बरदस्ती 'सेंटूर' ले गया था। लेकिन बाद में उसे .खुद पर बहुत गुस्सा आया। शाज़ी सबकुछ जानता है। जो सबकुछ जानता है उसके संग कुछ मुमकिन नहीं बचता। हर तरीका बनावटी लगता है—रो के बोलो तो, हँस पड़ो तो, न कहो तो, कह डालो तो...। हर तरह से फ़रेबी। फिर भी एक अजीब-सी ढिठाई के साथ कल्पेश ने 'ब्लडी मैरी' ही मँगाई थी, मग खनका के—'इस दिन के नाम...चीयर्स'

नहीं पर, शाज़ी के साथ कुछ मुमकिन नहीं। कल्पेश का जी चाहता है कि बोले, फिर से बोले, फिर-फिर से, वही बात दोहराता चला जाए। जिस ढंग से चाहे बोले। कभी हँस के—'क्या गलत किया उसने, मुझ टूटे-फूटे अस्थि-पंजर के साथ कौन निभाता'; कभी रो दे—'क्या गलत किया मैंने...कौन-सी लापरवाही...कैसी बेकद्री'; कभी चिल्ला पड़े—'सब साला पोस्ट फ़ैक्टो रैशनलाइज़ेशन होता है, कोई किसी एक को छोड़, दूसरे को नहीं चुनता, बस जीवन के परिचितपन से ऊबकर नए माहौल को चुनता है और .खुद को समझा लेता है कि वहाँ वह फ़र्क था, यहाँ यह मेल है'; कभी चुप हो जाए, अचानक, बेवजह, बुत की तरह पथरा जाए और शाज़ी या कोई देखकर स्तब्ध रह जाए, क्या हुआ कल्पेश क्या हुआ?

पर 'क्या हुआ' शाज़ी कभी नहीं पूछ सकता। उसे सब मालूम है क्या हुआ। उसके संग कुछ मुमकिन नहीं, रोना गलत, हँसना गलत, चुप रहना गलत। सही है तो बस कोई सधा-सँभला नाजुक-सा सन्तुलन है जिसमें

कुछ गिने-चुने आँसू, थोड़ी-सी मुस्कान, और ज़रा-सा मौन है। किसी एक की मात्रा रत्ती-भर गड़बड़ाई कि सब नकली। इस अनोखे सन्तुलन को पाने में कल्पेश क्षुब्ध हो जाता है। तन जाता है। यह सन्तुलन ख़ुद नौटंकी लगने लगता है।

काश, कोई जगह होती जहाँ नौटंकी नौटंकी न लगती!

रहिए अब ऐसी जगह चलकर जहाँ कोई न हो
हम-सुखन कोई न हो और हम-ज़बाँ कोई न हो।

कोई परिचित सामने न हो और कल्पेश सब कुछ दोहरा ले, रोकर, गाकर, बुत बनकर।

क्या रखा है शाज़ी के पास? वही उबाऊ मौन, वही बासी बातें।

"साहब", बैरा खड़ा था, "खाना लगा दूँ?"

"हैं?..." कल्पेश ने कुर्सी सुरक्षित स्थान पर खिसकाई, आज क्या-क्या सीरियल है?"

"जी साहब...'सर-आँखों पर'..."

कल्पेश नर्मी से मुस्कराया, "ऐसा करो, खाना लगा दो। मैं थोड़ी देर से खाऊँगा। तुम लगाओ और अपनी छुट्टी करो, टी. वी. देखो, सोने जाओ, फुर्सत पाओ।"

"बु...बुला..लूँ?"

"...अरे बिलकुल-बिलकुल, इसमें पूछने की क्या बात है? हर बार पूछते हो। जब चाहो टी. वी. चलाओ, दिखाओ। औरतों को ही तो टी.वी. का असल शौक है। हम आदमी तो उनका साथ पाने के लिए बैठ जाते हैं!" वह हँसा।

बैरा अपनी बीवी को बुला लाया। कल्पेश के थोड़ा पीछे, आड़ में, दरी पर दोनों बैठ गए।

बैरा की बीवी ज़रूर रो रही होगी बाप-बेटे का दर्दअंगेज़ मिलन देखकर। न जाने इनके इतने आँसू कहाँ से जमा रहते हैं कि बात-बेबात बाढ़ आ जाती है। फिर कभी जब ये नहीं रोते तो कितने निर्दयी लगते हैं। कल्पेश दहल ही तो गया था। वह दृढ़, सख़्त, क्रूर—हाँ-हाँ क्यों न कहे क्रूर—चेहरा देखा, और उसने चुपचाप दस्तखत कर दिया था। डाइवोर्स पेपर

पर। वह तो काफी बाद में, अकेले में, उसको सूझी कि वह बेवकूफ है, कि उसी पर वार करनेवाले के उठे हाथ को सहारा देने के इरादे से थामे हुए है। तब जाकर उसने अपना ज़ोर दिखाना शुरू किया। ठीक है जी, जाएँगे, पर तुम भी क्या याद रखोगे कि हम गए। हाँ बेटे! बारह जून ही को वह 'मैटाडोर' लेकर पहुँचा, ऐन आधी रात को, और अपने नाम का सारा सामान, स्टीरियो सिस्टम, सोफा सेट, सारे रिकार्ड—पुराने फिल्मी गानों के भी, जो वह कभी नहीं सुनता था—अपनी गुलाबी बाल्टी भी, उठा लाया। शाज़ी ने ऐतराज़ किया था—भद्दी हरकत है यार, अच्छा नहीं लगता। हुँह, अच्छा लगकर कौन-से हीरे-जवाहरात हासिल हो रहे हैं। खूबसूरती जाए भाड़ में।

ऐतराज़ करने में तो माहिर हैं सब। शाज़ी तो शाज़ी, रमण, चंचल, सबा...। सबा तो बस डाँटती ही रही है। यह अच्छी अपने में घुलते रहने की सूझी है। तुम जैसा एलिजिबल बैचलर। सम्पन्न, जवान, खूबसूरत...

कल्पेश ने मुड़कर शीशे के दरवाज़े में झाँका। बाहर स्याह रात हो चुकी थी—उसके पर्दे पर पड़-पड़ पड़ती बारिश की लड़ियाँ, उनके आगे उसका चेहरा। खूबसूरत? हाँ है तो खूबसूरत। जवान? हाँ क्यों नहीं, वह भी है।

पर दीपावली पर सबा आई थी। पूरे मोहल्ले में पटाखों और रोशनी की फ़ज़ा। कल्पेश अपने कमरे में बन्द। गुस्सा...फिर डर...फिर पसीने की बूँदों में अटा लाल चेहरा, गुत्थियों में फँसी आँखें, अजीब-सी बेखुदी। सबा धड़ाक् से दरवाज़ा खोलकर घुस आई थी।

"यह क्या? क्या हालत बना रखी है?"

फिर बरसी, ऐसी बरसी कि मज़ा आते-आते वह एकदम से हताश हो गया।

"इंसान रहे ही नहीं...जानवर हो जानवर...अपने ही मैल में धँसे। देखो सूरत अपनी। कैसे कोई खूबसूरत चेहरा इतना बदसूरत...इतना घिनौना...हो सकता है...तुम्हें देखकर समझ में आता है हाउ अग्ली अ हैंडसम मैन कैन लुक।...यू आर अग्ली।"

"मत जाओ।" कल्पेश ने बीमार-सा हाथ उठाया।

पल-भर को सबा पलट गई, "बेचारा बन चुकने के बाद केवल कीड़ा बनना मुमकिन है, कल्पेश, वह मत बनो।"

रुक जाओ, बीमार हाथ उठा रहा, मत जाओ। वह लेटा रहा, न उठ सका, न बोल सका, बेबस आँखों से देखता रहा।

"ऐसे तो लोग मरनेवाले के लिए नहीं करते।"

और क्या। मरनेवाले की याद तो प्रकाश पुंज से घिर जाती है, जिसके तेज से हर बुराई भस्म हो जाती है, कहाँ-कहाँ की अच्छाइयाँ सितारों की मानिन्द टिम-टिम करने लगती हैं। पर जो मरा न हो...?

"कल्पेश, तुम्हारी भी कोई इज़्ज़त है कि नहीं? तुम तो मरे जा रहे हो, दूसरा तुम्हारा होना न होना जूँ जितना भी नहीं महसूस करे...इतना काफ़ी नहीं सँभल जाने को?"

मत जाओ...सबा...

"मैं तुम्हें बर्दाश्त नहीं कर सकती। जा...जानवर...ज़लील...लुजलुजे...कीड़े...उफ़।" वह रुक गई, शान्त होकर बोली, ख़ुद को आश्चर्य से तकती हो जैसे, "मैं तुम्हें कुछ भी कह सकती हूँ, तुम्हारी कोई सेल्फ़ रेस्पेक्ट नहीं? कीड़े...कीचड़...लीद...!" उसने मानो अपनी हदों को आँकना चाहा। और ख़ुद अपने पर स्तब्ध होकर धीरे से मुस्करा दी।

कातर नज़रों से ताकता कल्पेश मुस्कराहट देखकर आप ही मुस्करा देता है। सब ठीक हो गया होगा।

रमण ने कहा था, असल में सब ठीक हो जाता है। बात गड़बड़ बस इतने से लगती है कि जीवन के किस इत्तिफ़ाक़ से कौन किसको छोड़ता है। वहम हो जाता है कि छुटनेवाला पीछे है, वरना कोई यों किसी के आगे नहीं हो जाता।

कल्पेश ने मुँह बनाया। उनमें से किसी से भी बोलने का मन नहीं करता। उन्हें भरसक देखता ही नहीं वह। नए लोग मिल जाते हैं। शाज़ी बस ठीक है। कम से कम सीख नहीं देने लगता। पर कभी-कभी उसका वह संजीदा, सहनशील भाव...।

"हैं? ख़त्म हो गया क्या? आज क्या हुआ?"

"जी...वह...बेटा घर वापस लौट आया है अब पिता के साथ रहेगा..."

"अपनी औरत को भी ले आएगा..." बैरे की बीवी भी उत्सुकता में बोल गई, चुप न रह सकी।

कल्पेश घूरने लगा। कितनी अजीब बात है कि फिल्मों में, किताबों में, वही पुराना फ़साना बार-बार दोहराया जाए, कोई अपना रोना रोए जाए, तो देखने-पढ़नेवाले सबके सब साथ-साथ आँसू ढुलकाते हैं। वही सुन-सुनकर न ऊबते हैं, न खीझते हैं। और हम जैसा ज़िन्दा पुतला अपने जीवन की दुहाई दे, दे भी नहीं, चुप रह जाए, और सबा बेगम 'कीड़ा' बुलाने लगती हैं। कीड़ा। लुजलुजा। भद्दा। हाँ?

"क्या नाम है तुम्हारा?" अरे इतने दिनों से बैरा अपनी बीवी को ले आया है और उसे नाम तक नहीं मालूम!

औरत अचानक सकुचा गई, सीधे पल्ले की धोती में सिमट गई।

"जी...सोना...!" बैरा शरमाकर बोला।

"अच्छा! अब क्या देखना है? बस? अब कुछ नहीं? ठीक?"

औरत पहले ही चली गई थी।

कल्पेश शीशे के दरवाज़े में अपना चेहरा देखने लगा। काला शीशा, पीछे झिलमिलाती बारिश। भद्दा...कीड़ा...हुँह? उसमें कोई कमी नहीं। बस वह इत्तिफ़ाक़ कि वह पहले नहीं उठकर चल दिया, वरना सबा की ख़ातिर...?

पर अब? अब सबा बचे-खुचे के लिए तैयार क्यों होने लगी? जब और कोई नहीं रहा तो हमारी बारी!

कैसे मतलब बदल जाते हैं इन इत्तिफ़ाकों से। अब वह 'कम' है... 'पीछे' है...'बचा-खुचा' है...।

जाएँ! कौन कह रहा है कि लो बचा-खुचा?

वैसे भी वह उनमें से किसी से कब मिलता है? फ़ुर्सत कहाँ है? काम है, पैसा कमाना है। दिन-भर की तो व्यस्तता है। रातें भी कट जाती हैं। अपनी नींद को कोई नहीं छू सकता, यही हँसी नहीं होती थी कि इनका तो सिर तकिए से छुल जाए तो समझो बटन दब गया, आँखें बन्द और

निद्रामग्न? बस यह ज़ालिम शामें। खासकर जब खंडहर बरसात में लहराता-बुझता है...और घर की दीवारों पर गीले लिसलिसाते धब्बे पड़ जाते हैं...।

कल्पेश उठकर ड्रिंक-कैबिनेट तक गया। बस एक और। वह ज़्यादा नहीं पीता। बहुत हुआ तीन। आज चौथा ले लिया। कभी-कभी क्या जाता है? इन बरसात की शामों में। दिन-भर एकाउंट की फाइलें जाँचते रहो तो शाम को हर्फ़ से मिलती-जुलती किसी चीज़ को देखने का मन नहीं करता। संगीत लिहाज़ा सुना जा सकता है। अब एक म्यूज़िक सिस्टम खरीद ही लेना चाहिए। वह वाला तो बहन को दे दिया। सोफासेट जद्दू ने खरीद लिया। बाल्टी भी किसी को दे आया। ज़्यादा कुछ तो यों ही बाँट दिया लेकर। बहन खासकर बहुत खुश हुई थी हर चीज़ पाकर।

बाहर बारिश उसी तरह चल रही थी। बस अँधेरे में खंडहर लुप्त हो चुका था और काले शीशे में कल्पेश .खुद को देखता रहा। छत की पाइप से झरने की तरह गिरता बारिश का पानी, केले के पत्तों पर दूसरी आवाज़ में लुढ़कता पानी, स्ट्रीट लाइट से भींगता हुआ बूँद-बूँद बढ़ता बिजली के तार पर पानी, धरती पर सतत गिरता पानी। अलग-अलग ध्वनियाँ किन्तु शान्त निरन्तरता से समस्वरित।

ऐसी रातों में कीड़े निकलते ही हैं—साँप, बिच्छू, केंचुए, छोटे-छोटे लुजलुजे कीड़े। रेंगते हैं, लिसलिसाते हैं। और तो और मोटे-मोटे घोंघे बाथरूम में जहाँ-तहाँ सरकने लगते हैं। एक बार तो ठीक घुंडी की जगह दरवाजे पर घोंघा चिपककर बैठ गया। हाथ उस पर धरते-धरते समझ कौंधी। चीख...हँसी...छेड़छाड़...रोमांस फिल्मी स्टाइल!

देखो कैसी सहजता से याद कर गया, कल्पेश ने सोचा। और सब हैं, कि पीछे ही पड़ जाते हैं—'क्या घुले जा रहे हो?' कौन घुले जा रहा है, मैं नहीं। यह तो यादों का कुछ अपना अजब ढंग है कि कभी देर तक चिपकी रहीं और कुछ महसूस न किया कभी अचानक उछलकर आ गईं और दिल मसोस उठा। वैसे अधिकतर तो दुख भी दुख भरा नहीं होता है। बस आदतन एक टीस-सी उभर आती है हृदय में। आदतों का यही तो है—जैसे बचपन में संकोचवश खड़े होते ही कमीज़ को पीछे से नीचे खींचते

थे और आज तक, जब बचपना गया, संकोच गया, तो भी फ़िज़ूल ही हाथ पीछे चले जाते हैं कमीज़ का छोर खींचने! वही हाल इस दिल का है कि कोई स्मृति उमड़ आई और दिल आदतन ररक गया। बिना दर्द के। ख़ाली। बेकार।

थोड़े डगमगाते कदमों से कल्पेश ने एक पेग और नापा।

"साहब..." बैरा खड़ा था।

गर्दन कुछ आगे को गिराए–जैसे कबूतर की टूट जाने पर होती होगी– कल्पेश ने सिर धीरे से घुमाया।

"...बैरा।" कितना ख़याल रखता है बैरा उसका। बारिश में जब कपड़े सीलन से चिपकने लगते हैं और उन पर फफूँदी धब्बे बनाने लगती है तो तब बैरा ही उन्हें बाल्कनी पर फैला देता है, थोड़ी हवा खा लें। "हाँ-हाँ, ठीक कहते हो", कल्पेश सिर कुछ अतिरिक्त ज़ोरों से ऊपर-नीचे हिलाने लगा, "मैं ज़्यादा पीता नहीं हूँ...आज ही...ले जाओ...यह बोतल ही यहाँ से हटा दो...ताले में बन्द कर दो...बहुत ज़्यादा नहीं...पर हाँ, और दिनों से ज़्यादा है...अब नहीं पीनी चाहिए बिलकुल नहीं...बस अब नहीं पियूँगा...तुम जाओ...सो जाओ...थैंक्यू...।"

कुर्सी फिर खिड़की के सामने खींचकर वह बैठ गया। खंडहर तो अँधेरे में एकदम विलीन हो गया था। बस यहाँ-वहाँ जुगनुओं की तरह बरसती बूँदें चमक रही थीं। छत में खिंची दरार में भी बूँद बढ़ रही थी, 'टप' सिर के पास से होते हुए कुर्सी के हत्थे पर गिर रही थी, फिर बढ़ रही थी, फिर गिर रही थी 'टप'। हल्के से छींटे कल्पेश के मुँह पर छिटक जाते। अजीब बात है कि छींटे ऐसे भी हो सकते हैं जो ज़रा भी गीले नहीं लगते!

कल्पेश बैठा रहा। कुछ भी कहो, ऐसी लगातार, एकसुर, एकलय बारिश में राहत बहुत मिलती है। माँ के आँचल जैसा फैला, फहराता, रिमझिम बरसता असीम। बस शान्ति से बरसता रहता है, ऐसा नहीं कि अचानक चमककर लपके, सहसा धड़धड़ा के चौंका दे। छत पर पानी की लोरी बजती जाती है। दरार में बूँद बढ़ती जाती है। ऐसे में कितनी मीठी नींद आती है। बूँद गिरी–टप्। फिर रुकी। फिर गिरी। टप। टप।

कल्पेश ने ऊपर देखा। और भी जगह दरारें पड़ने लगी थीं। कहीं भी टपकने की सम्भावना बनाए। बैरा कुर्सी-असबाब सँभालता फिरता है, कहीं उन पर न टपके। तब से कह रहा है ठीक करवा लीजिए, वरना एक दिन छत ही जो ढह गई तो?

बैरा का ख़याल आया तो कल्पेश एकाएक उठ बैठा। कहीं उसके कमरे में भी तो नहीं, कल्पेश ने घबराकर दीवारों पर निगाह डाली।

छिः, दर्द-भरे दर्द से दिल कसक उठा। बैरा उसका इतना ख़याल करता है और वह यह तक नहीं सोचता कि कहीं वह दिक़्कत से तो नहीं?

कल्पेश फौरन खड़ा हो गया और यह जाँचने कि सीध में चल रहा है या नहीं 'मोज़ेक' पर खुदी लकीर के ऊपर एक के बाद एक सावधानी से कदम रखता गया। पीछे का दरवाजा खोलकर बाहर बरामदे में निकला। गैराज खुला था, बत्ती भी जली थी, पर उसका फाटक अन्दर के दृश्य को ढाँपे हुए था।

"बैरा!" कल्पेश चिल्लाया। "बैरा!" वह गला खँखारकर चिल्लाया! "बैरा" उसने गला फाड़ा।

बारिश उसी तरह एकतार जारी थी।

ज़रा-सा रास्ता बरामदे से गैराज तक। कल्पेश एकदम से भागा और कुछ पल भींगकर गैराज के सामने जा पहुँचा। लोहे के फाटक के पीछे चिक पड़ी थी। अन्दर कुछ हलचल भरी हरकत हुई।

"जी साहब...."बैरा फुर्ती से बाहर आया, "कुछ चाहिए साहब?"

"अन्दर आ जाऊँ?"

"हुजूर!" बैरा ने चिक उठा दी।

कल्पेश पल-भर ठिठका रहा। अन्दर की भीनी रोशनी, निवाड़ की खाटें, आरामकुर्सी (जो सब उसने तैश में दे डाली थीं। देखकर दिल में वही आदतवाली निस्पन्द टीस उठी) और अस्त-व्यस्त बिखरी गृहस्थी। आरामदेह, सुखकर। ऊपर टीन की छत पर बरसात की लोरी। बैरे की औरत–क्या नाम बताया था उसका?–एक तरफ़ आड़ में खड़ी थी।

"कुछ नहीं...बस पूछने आया था कि यहाँ भी छत टूट तो नहीं रही?... पर यहाँ तो टीन की छत है..."

"जी साहब..."

"पक्की करवा देंगे...ताकि यहाँ भी चूने लगे...हे हे हे..." मरियल-सी हँसी फेंकी कल्पेश ने, "मैं तो बड़ी देर से वहाँ से चिल्ला रहा था बैरा-बैरा।"

"सॉरी साहब! बारिश की वजह से मैं सुन नहीं पाया।"

"कोई बात नहीं। उसमें क्या? अच्छा ही हुआ। यहाँ कैसा है पता ही नहीं था।"

"बैठिए साहब!"

औरत खाट पर से कपड़े एक तरफ़ खिसकाने लगी। एकदम से कल्पेश की नज़र कपड़ों में से झाँकती चोली पर पड़ी। अनायास। अनजाने। नज़र अटक गई। एक क्षण। एक लम्बा क्षण–चोली...!

"नहीं-नहीं, कोई परेशान होने की बात नहीं है। मैं ऐसे ही बैठ जाता हूँ। बैठ जाऊँ?"

आँखें बैरे पर, नज़र कहीं कपड़ों पर।

"अरे साहब! आप ही का तो है सब।" बैरा पूरी तहज़ीब से पेश आ रहा था पर मन ही मन हैरत में था, क्या करना चाहिए, क्या नहीं।

"किसी तरह की दिक्क़त तो नहीं?" कल्पेश समेटे कपड़ों के करीब बैठ गया। एक पैर खाट पर ऊपर जो किया तो घुटना चोली से ज़रा दूर। दूर। कितनी दूर।

"नहीं साहब, कोई दिक्क़त नहीं। सब आपकी कृपा है। हम बहुत आराम से हैं।"

"हाँ-हाँ क्यों नहीं। जब घर की मालकिन हाज़िर हैं तो तुम्हें किस बात की चिंता?' कल्पेश ने औरत की तरफ़ मुस्कराकर देखा।

हसरत भरी निगाह घुटने में जा समाई।

"क्यों बैरा...बारिश तो अबके ज़ोरदार हो रही है...ऊपरवाले का कहना ही क्या...या तो देगा ही नहीं या फिर छप्पर ही फाड़ देगा...हर समस्या का समाधान मारकर...चार साल अकाल से मारा, अब बाढ़ से मारने पर तत्पर...अख़बार तो खोलो और बस, पानी-पानी के नीचे, यहाँ पुल टूट गया, वहाँ गाँव बह गया...कमाल ही है...पर लोग भी सूखे से ऐसे

त्रस्त थे कि गीले की शिकायत मन में लाने से भी डरते हैं...मरते हैं पर मुस्कराते हैं...''

बैरा भी बीच-बीच में बोल रहा था, ''जी साहब...यही बात है साहब... बिलकुल...पर खरीफ की फ़सल अबके बढ़िया होगी...लेकिन अब कुछ दिन का खुलना तो आवश्यक है, वरना किसान बोआई कैसे करे...खूब बारिश हो रही है, पचास इंच का इलाका है, सत्तर तो अभी ही हो चुकी, लोकल अखबार में था...हाँ, धान की रोपाई हो गई है...''

कितनी बातें इस बारिश से जुड़ गईं। बस घुटने की कनखी चोली को घूरती रही। चोली इन शहरी ब्लाउज़ों से अलग बनी होती है, मानो कटोरों पर रखकर कपड़ा काटा हो। चोली के नीचे कुछ पहनने की ज़रूरत नहीं होती। पर गाँववालियाँ शहर पहुँचती हैं तो नए-नए शहराती शौक ओढ़ लेती हैं! मेले-ठेलों में लटकी रहती हैं नीली, लाल, गुलाबी बॉडिस। नुकीली-नुकीली। अब तो शहरवालियाँ हैं जो चोली के नीचे कुछ नहीं पहनतीं। चोली ही पहन लेती हैं, क्या कम है!...

घुटने में नाम मात्र की हरकत हुई, ज़रा-सा हिला...बढ़ा...चोली से लग गया। कुछ पिघली-पिघली गर्मी-सी घुटने में बहने लगी।

गोद में पड़ी कल्पेश की उँगलियों में कनखियाँ खुल गईं। हल्की-हल्की साध में सुलगती।

''ऐसी रातों में नींद जल्दी आती है।...अब मैं कितनी जल्दी सो जाता हूँ...वरना पहले बारह बजना तो आम बात थी...मेहमान ही तभी उठना शुरू करते थे...बैरा तो जानता है...'' कल्पेश ने बैरा को यों मुस्करा के देखा जैसे उन दोनों के बीच का कोई बहुत गहरा राज़ है यह।

गैराज से घर का एक हिस्सा दीखता था। शीशे के दरवाज़े और खिड़कियाँ, अन्दर चायनीज़ लैंटर्न की मुलायम रोशनी में खाना, पीना, हँसी, संगीत का शायराना माहौल—यहाँ से अन्दाज़ तो पड़ जाता होगा। देर रात को कभी चाय-कॉफ़ी का प्रोग्राम भी बनता। पर बैरा को ग्यारह बजे छुट्टी थी, ग्यारह के बाद जो करना है खुद करो। बैरा यहाँ आके सोए, चायनीज़ कंदीलों को झूलते देखे, जो चाहे करे, चाय अब आप ही के जिम्मे।

उँगलियों में लालसा से ताकती आँखें!

"चाय पिएँगे साहब?"

"क्या कहने! चाय का इन्तज़ाम है यहाँ?"

"जी..."

"ऐसा करो फिर एक बीड़ी भी पिला दो।"

"हुजूर...!" कुछ हलचल हुई। बैरा बीड़ी और माचिस ढूँढ़ने लगा, औरत स्टोव भक् से जलाकर चाय बनाने लगी।

बस एक पल था, भरा-पूरा, कल्पेश की कसमसाती उँगलियों ने हल्के से चोली का स्पर्श किया, हौले से सिलवट दूर की, फिर धीमे से उस पर घुटना टिकाया और अलग होके बीड़ी पीने लगा।

उस गुनगुनी तपिश से तर कोठरी में, टीन की छत पर गुनगुनाती बरसात के नीचे, बीड़ी और चाय पीना सुहा रहा था। टीन की छत थी, दरार नहीं पड़ सकती। चूने लगे, इसका कोई डर नहीं।

भीतराग

हुआ यों कि उस रात तो उन्हें नींद बिलकुल ही न आ के दी। जबकि दिन में उन्होंने अनुमान ठीक इससे उलटा लगाया था कि आज रात, अरसे बाद, लगता है बढ़िया नींद आएगी।

और रातों की बात दूसरी थी। 'सारे दिन पापा आप कुरसी में पड़े-पड़े ऊँघेंगे तो रात को नींद क्यों आएगी!' बच्चे कहते। बच्चे नहीं समझ पाते कि दिन में आँख इसलिए लग जाती कि सारी-सारी रात गिरधारीजी बुरी तरह चौंक के उठते रहते। माथे पे पसीना चमक जाता, दिल की धड़कन तेज़ हो जाती है और आँखों में झूलती नींद के साथ रस्साकशी शुरू हो जाती कि कौन जाने कब...घबरा के गिरधारीजी मन में भी ये वाक्य पूरा नहीं करते। अकबका के उठते, दरवाज़ा ठेल के खोलते—अंदर से चटखनी लगाना उन्होंने कब से बंद कर दिया था। फ़लाने का हुआ था कि नहीं? तीन दिन तक दूधवाला दूध की बोतल रखता गया तब जा के उसे खटका हुआ। और बाहर बगिया में घुप्प रात्रि में चक्कर काट के सवेरा करते। जाड़ों में मारे ठंड के अंदर ही बैठे रहना पड़ता। तब गिरधारीजी लिहाफ़ में तंबू बनाकर बैठ जाते, यानी बीचोंबीच खुद, ऊपर से रजाई, ऊँचा तिकोना आकार पलंग पर। इस पोजीशन में फायदा यह था कि ऊँघने भी लगो तो बैलेंस गड़बड़ाते ही झटके से फिर उठ जाते।

लेकिन बच्चों को क्या कहा जाए कि घबराहट किसे कहते हैं? उनकी उमर पे कौन सोच सकता है कि एक दिन हम भी पचहत्तर के होंगे? सही समझ आता तो न पहुँच लेते सिर उठाए 'हैपी बर्थ डे पापा। आज आपको पचहत्तर मोमबत्तियाँ फूँकनी होंगी!' होश खिसकने लगे गिरधारीजी के और इस बात पर नहीं कि इतनी मोमबत्तियाँ फूँक नहीं पाएँगे। इस बात पर

कि कौन जाने कब...पर हमेशा की तरह वे इस वाक्य को मन में भी पूरा नहीं कर पाए!

ये वाक्य वे किसी भी तरह पूरा नहीं कर पाते थे। बात-बेबात मुँह से निकलने तो लगता, मगर 'कौन जाने कब' के आगे बुदबुद पे लोप हो जाता। मसलन राजू और पिंकी कहीं जाते—दोस्तों के घर, रिश्तेदारों के पास, कभी-कभी तो पार्क में ही—कि गिरधारीजी घर में डंडूरे की तरह घूमने लगते। कब आएँगे बच्चे, मीता? क्यों उन्हें भेजा, नरेश? कहीं से फ़ोन नहीं हो सकता? अभी फ़ौरन बुलाया नहीं जा सकता? मीता-नरेश समझाते बच्चे आ जाएँगे, वक़्त हो जाने पर, डाँटते कि सोच-समझकर बोलिए, और गिरधारीजी के मुँह से, पहले कि वे सोचें-समझें, निकल जाता, "मैं न देख पाया तो?"

"क्यों नहीं देख पाएँगे?"

"अरे फ़रज़ करो, न देख पाया तो?" वे बगलें झाँकते।

"चश्मा लगा लेंगे तो साफ़-साफ़ देख पाएँगे।" बच्चे भी अनजान बनते।

"हाँ, वो तो है," वे उनके न समझने पर हलके भी हो जाते, पर साथ ही समझाने को और प्रेरित भी, "मगर मैं यहाँ न हुआ तो?"

"कहाँ होंगे?"

सीधे सवाल पर गिरधारीजी सिटपिटा के कह पड़ते, "क...कहीं भी, फ़रज़ करो, चला गया तो?"

"ऐसा नहीं होगा। हम गाड़ी से आपको वापस लिवा लाएँगे।" बेटा और बहू नर्म लहजे में कहते।

"हाँ...मगर..." गिरधारीजी अंश भर कम परेशान लगते और फिर गंभीर आवाज़ में निकल आता, "कौन कह सकता है कब...बुदबुद..." अधूरा वाक्य लहराता छोड़ कमरे से तेज़ी से बाहर हो जाते।

किंतु उस रात के बारे में उन्हें लगा था कि आज चैन की घड़ी है, खूब नींद आएगी। पहली बात कि कमरे में अपने ही पलंग के पास उन्होंने बचवा ठाकुर के लिए खाट डलवा दी थी तो किसी के साथ का इत्मीनान था। दूसरी, बचवा ठाकुर को देख के उनके मन से चिंताओं के

धागे, सुबह से ही, मानो कोई अदृश्य हाथ ऊन के गोले की तरह लपेटता चला गया था।

हुआ यों कि उस सुबह आँखें खुलीं तो देखा, कौन चले आ रहे हैं, गाँव के पुराने बचवा ठाकुर चले आ रहे हैं।

"अरे कहाँ से ठाकुर?" गिरधारीजी ऐसे पूछ पड़े गोया पूछ रहे हों उस जहान से वापस कैसे चले आए ठाकुर?

बात थी भी निराली!

"अरे ठाकुर," गिरधारीजी की आँखों में खुशी नाच गई, "तुम तो एकदम्मे गबरू मर्द बने हुए हो।"

बचवा ठाकुर ने लाठी पर टेक लगाई और वहीं ज़मीन पर उकड़ूँ बैठ गए। पोपला मुँह पीछे को फेंका, बंद आँखें अंतरिक्ष की तरफ कीं और बिना आवाज़ के मगर जिस तरह गुलाबी मसूढ़ों को फाड़ के हिल-हिल हिलने लगे, वह हँसने के सिवा और क्या क्रिया हो सकती थी?

"क्यों गिरधारी," सदियों बाद उनका सिर सीधी मुद्रा में लौटा, "तुम समझ लिये कि बचवा गए, ऊपरवाले की नज़र हो गए? अरे गिरधारी अभी सौ बरस में सात साल बाकी हैं, फिर सोचेंगे चलें कि नहीं।"

यह कहके बचवा ठाकुर ने फिर डाढ़ फैलाए और सिर पीछे फेंक हिलना शुरू किया। इधर गिरधारीजी ने मन-ही-मन हिसाब लगा के आँखें फाड़ीं—तिरानबे वर्ष! अचानक ही उनके अंदर राहत का वह गोला कोई अदृश्य हाथ लपेटने लगा। अभी 'क्यू' में वे पीछे हैं, आगे की कतार खाली हो तब न उनकी छलाँग की बार आएगी!

बचवा ठाकुर को उठते देख उन्होंने दूसरी क़िस्म की छलाँग लगाई—फुरती वाली, ताकत से भरी। "अरे रे सँभल के ठाकुर, गिरना मत।"

उनकी सुबह की सैर का वक़्त था।

"चलते हो ठाकुर? यहीं पार्क में?" वे उमंग से बोले।

बचवा ठाकुर ने एक लोटा पानी पिया, फिर लाठी से नीम की डाल झुकाई और दातुन तोड़ी और इत्मीनान से उसे मुँह में दबा के गिरधारीजी के साथ हो लिये।

सुबह की सैर गिरधारीजी के अटल नियमों में एक थी। योगविद्या के अनुसार यही वह वक़्त था जब शरीर और आत्मा का मिलन सबसे गहरा होता है। वही किसी तरह गिरधारीजी बनाए रखना चाहते थे!

फाटक के बाहर सड़क पार करके पार्क का गेट आ जाता, गिरधारीजी तो हाथों से, आँखों से, पूरी काया से, और 'रुको, रुको' आदेश देते हुए, उस ज़रा सी सड़क को पार करते, दो कदम बढ़े, रुके, चले, थमे। गाड़ियों, ट्रकों, बसों के बीच हँफहँफाते, जो अँधेरा फटने भी न पाता कि चलने लगतीं। साइकिल और रिक्शे अलग।

लेकिन बचवा ठाकुर दातुन चबाते, ठक-ठक लाठी के सहारे मंद-मंद डोलते चले आ रहे थे। "अरे हमसे अच्छा वो गाड़ीवाले देख सकते हैं, हम क्यों देखें?"

उस पार तक गिरधारीजी की साँस फूल आई, पर पार्क में घुसने से पहले वे लंबी साँसें नहीं खींचना चाहते थे, धूल-धुआँ उड़ाती गाड़ियाँ, न जाने क्या ज़हर फेफड़ों को गला दे? उनका बस चलता तो सड़क पर साँस ही न लेते, पर साँस न लेने का खयाल और व्याकुल कर देता! जितनी धीमी हो सके नाक चलाते, जितनी जल्दी हो सके पग चलाते और अंदर पार्क में, वृक्षों के नीचे ऑक्सीजन के लंबे-लंबे कश खींचते, गंदी साँसों को दम लगा के बाहर झटकते कि भीतर ज़हर जमने न पाए।

लुत्फ़ आ गया था सुबह से ही बचवा ठाकुर के संग बेंच पर बैठ के आज की दुनिया को कोसने में। और इतना साफ़-साफ नहीं सोचा गिरधारीजी ने मगर अवचेतन में आस की नई किरण फूट चुकी थी कि आह, आज की रात बेफ़िक्री की बेला में कटेगी, प्यारी-सी नींद आएगी, जवानों की तरह हम भी सोएँगे, जवानों की तरह कल जागेंगे, बेशक।

इस तरह बचवा ठाकुर को देख के गिरधारीजी हौसलामंद हो गए थे। लौटते में ठाकुर ने घास के बीच से कोई दूधिया दूब तोड़ के आँखों में लगाई तो और खुश हो गए गिरधारीजी।

"चाहो तो बहू से कह दें, उसका भाई पास रहता है, डॉक्टर है, आ के देख लेगा।"

पर बचवा ने लाख पते की बात कही कि "देखो गिरधारी, होगा बहू का भाई, मगर है तो डॉक्टर, मर्ज़ बताएगा नहीं तो खाएगा क्या? डॉक्टर से दूर रहो तभी भले-चंगे रहोगे।"

गिरधारीजी खुद पेट-वेट में दर्द हो तो छिपा जाते थे। ये बच्चे हैं कि उन्हें तो बस एक ही चीज़ सूझती है—डॉक्टर, और डॉक्टर है कि कहीं कोई बड़ा सा रोग निकाल दे तो रही सही नींद भी उड़ जाए!

मगन मन लौटे गिरधारीजी बचवा ठाकुर के साथ, जो आ के दूध जलेबी की फ़रमाइश करके वहीं कुरसी पर पसर के ऊँघने लगे। ऊँघो-ऊँघो, मगर आज हमें ऊँघने की क्या ज़रूरत जब हमारी तो सुरीली रात आएगी, मानो गिरधारीजी की रग-रग में फड़क रहा था।

"खाओ ना।" बचवा ठाकुर ने गरम-गरम जलेबी गिरधारीजी की तरफ़ बढ़ायी।

गिरधारीजी टकटकी लगाए ठाकुर को अनवरत खाते देख रहे थे। अनायास ही उनका हाथ बढ़ गया और उन्होंने एक और छोटी सी जलेबी छाँटकर मुँह में डाल ली, मगर फ़ौरन ही जग्गू को आवाज़ दी कि "बहु रानी से कह दे करेला पीस के मेरे लिए रस तैयार कर दें।"

क्या छक के खाते थे बचवा ठाकुर! उनकी बातों में भी अधिकांश तो खाने की होतीं! उस जगह का घेवर, वहाँ की सोहन पापड़ी। दोपहर के खाने के साथ मीता ने काजू की बर्फ़ी भेज दी, तो पूरा प्रवचन सुना गए बचवा ठाकुर मिठाइयों पर।

"देखो गिरधारी, आज शहरों में औरतों के पास न बखत रहा, न हुनर कि अच्छी-अच्छी चीज़ें घर में बनाएँ," उन्होंने प्रवचन के अंत में कहा। "अब तो भइया बाजार ही है, जो कुछ है। पापड़, तो दुकान का, अचार, तो दुकान का। अब इन बच्चों को जब स्वाद ही नहीं पते तो वो क्या शौक मनाएँगे? वो तो हम बूढ़न रोएँगे अपने दिनों की।"

"ठीक कहते हो ठाकुर," गिरधारीजी ने भी आह भरी। "धोखाधड़ी, मिलावट का जमाना, मगर बच्चों को उसकी भी परवाह नहीं। मीठा हो तो वो ही उनके लिए मिठाई है, घी कैसा, खोया कैसा, क्या पड़ी? जानते ही नहीं। बहू से कहता रहा होली पे पुए बना दो, मगर कहती है आता नहीं

और दुकानवाले ने पुए का नाम भी नहीं सुना। मजबूरी है भई, नहीं आता तो कहाँ से बनाएगी? गाड़ी चलानी आती है, पुए बनाना नहीं, गई गाड़ी चला के और ले आई दुकान से कोई मिठाई-विठाई। डब्बा इतना बड़ा, कागज़ यों चमकीला, अंदर चाहे जो हो।"

गिरधारीजी क्या-क्या दुखड़ा रोएँ? कभी जो पुए, गुलगुले की फ़रमाइश कर दी तो वह तो दिया नहीं जाए, मीता करे क्या कि ले एक कटोरी दूध में दो चम्मच उबले चावल और चीनी छिड़क के रख दे। जैसे उतना काफ़ी न था, नरेश साथ में डाँट भी पिला दे, 'यही सब खाते हैं पापा, फिर बदहज़मी होती है।' कैसे वे बतावें, नहीं, बेटे इस पनियल मीठे चावल से किसी को बदहज़मी नहीं होती, वह तो हो जाती है उन अधूरे वाक्यों से जो गले में फँस जाते हैं कि पुए, गुलगुले, गुझिया बना दो, एक बार खा लूँ, न जाने कब...बुदबुद...! जो उन्हें जतन कर-करके निगलना पड़ता है और बेटे ऐसे वाक्य हाज़मा बिगाड़ देते हैं।

"हैं रे?" बचवा ठाकुर मुँह फिर भर के चकित हुए, "पुए खाने थे? हाय मुझे पता होता तो मैं ले आता, इंदरभान की बहू ने बनाए थे, पर मैंने कहा, अरे वो लोग शहरी हैं पुए-वुए में का धरा है?"

"बहू रे," उन्होंने हाँक लगाई।

"बहू रे," उन्होंने लताड़ा।

"हम बिना दाँतवाले नहीं खाएँगे नरम-नरम मिठाइयाँ, तो क्या तुम्हारे जवान लोगन की खाने की चीज़ हैं? चलो, गुलगुले तो मैं फ़ौरन बनवाता हूँ और पुए रट लो कैसे बनाए जाते हैं।"

दोपहर का वक़्त। बचवा ठाकुर धोती का फेंटा बाँध के रसोईघर में बैठ गए और लगे 'ई कर' 'ऊ कर' करने।

"आप आराम कर लीजिए पापा, क्यों चौके में घुसे हैं? गरमी में।"

पर गिरधारीजी देख रहे हैं बचवा ठाकुर ने आटे और गुड़ का घोल छनवाया, अब फट-फट-फट फिटवा रहे हैं। वैसे भी अभी आराम क्यों करें गिरधारीजी जब उन्हें रोम-रोम में महसूस हो रहा है कि आज की रात आराम की रात होगी।

"और और", बचवा ठाकुर ऐसे हिल रहे थे कि जैसे परात उनके घुटनों के बीच है, न कि जग्गू के, और वे ही हाथ फुरती से चला रहे हैं। "अरे पकौड़ी तो बनाई होगी। वैसा ही करो, हलका हो जाए। तभी न पेट पर भी हलका पड़ेगा। हाँ एइसे बुलबुले पड़ें। और करो, अउर।"

मज़े में दबा-दबा के कड़ाही में गुलगुले तलने लगे। कुछ तर हो गए भीतर से गिरधारीजी। घरवाली के जाने के बाद आज पहली बार बन रहे थे गुलगुले।

"तुम्हारी भाभी के जाने के बाद आज पहली बार बन रहे हैं गुलगुले," गिरधारीजी ने गद्गद होकर कहा, "हमने तो उम्मीद ही छोड़ दी थी।"

"अरे काहे?" बचवा ठाकुर ने तरेर के देखा। "देखो गिरधारी, मन में कोई अरमान न छोड़ो। सब करो तब मरो।"

कह के बचवा ठाकुर तो पोपले मुँह की निःस्वर हँसी देने लगे और रसोई में जमा पिंकी, राजू भी हँस पड़े, मगर गिरधारीजी नहीं हँसे।

घबरा के जल्दी से बोले, "वो नहीं होगा...वो क्यों होगा...?" पता नहीं अधूरे अरमानों पर कि मरने पर!

फिर राजू, पिंकी को डाँट के भगाने लगे, "जाओ, यहाँ भीड़ करने की ज़रूरत नहीं है।"

अब आई बारी गुलगुले खाने की।

"बस एक?" बचवा ठाकुर खुद तो चाँप के खा रहे थे। "इसी की इतनी जिद थी?"

लेकिन गिरधारीजी गिरधारीजी थे, नपा-तुला खाना, फूँक-फूँक के चलना, उनका स्वभाव हो गया था। "तुम खाओ न ठाकुर, तुम्हें देखकर हमारा भी मन तृप्त होवे है।" उन्होंने स्नेह से कहा।

छक के लूटा बचवा ठाकुर ने और फिर एक लंबी डकार ली। "बस अब और नहीं, सोने से पहले खौलता दूध पिला दो और कुछ नहीं चाही," वे बोले।

इसी सबमें अँधेरा हो गया था। जग्गू ने एक खाट गिरधारीजी के पास लगा दी और दोनों वृद्ध लेट के गपियाते रहे। नरेश और मीता के कमरे में बत्तियाँ भी ऑफ़ हो गईं, मगर इनकी बातें चल ही रही थीं। लंबी-लंबी जम्हाइयों और अँगड़ाइयों के बीच।

और रातों का ढंग था कि जब तक नरेश और मीता जगे हैं, तभी तक गिरधारीजी आधी-चौथाई झपकी ले पाते थे। वहाँ बत्ती ऑफ़ हुई और उनके अंदर बत्ती झक से ऑन हुई। धक-धक कलेजा, फिर चारों ओर सन्नाटा व्याप्त और किसी शैतान की चुनौती कि भइए काट लो अब रात तो जानूँ!

मगर उस रात की बात और थी। कम-से-कम सोचा यही था गिरधारीजी ने। किसी फ़िक्र में नहीं थे नींद की। आएगी अपने आप, इत्मीनान से। अभी तो कहाँ-कहाँ की बातें चल रही थीं—मुन्नू जो तब गोद में था अब नाना बन गया, चंद्रभूषण जो बरसों से आए नहीं, न किसी को घर-जायदाद बेचते हैं, न ही किसी को वहाँ रहने देते हैं और बटेसर लाला के पेड़े यों मुँह में घुल जाते हैं।

जैसे पालने में झूलते-झूलते आँख लग गईं दोनों की। नींद भी मीठी-मीठी।

अब वह पलटा भी खा सकती है सोच ही नहीं सकते थे गिरधारीजी।

हुआ यों कि न जाने कौनो सपना-वपना आया कि कोई आवाज़ आ गई या कि कलेजा पुरानी आदत तोड़ न पाया कि अचानक गिरधारीजी हकबका के 'हैं-हैं' उठ बैठे। दिल वही जानी-पहचानी रफ़्तार से धक-धक धौंक रहा था, पेशानी से पसीना टपकने लगा। पर फर्क जो बात थी वह यह कि गिरधारीजी इसलिए नहीं उचक बैठे कि कहीं मैं ही तो...

बल्कि इसलिए कि अचानक उन्हें डर लगा कि बगल में पड़ा आदमी कहीं पड़े-पड़े न जाने कब...बुदबुद...

कुछ भी कहो, कोई आवाज़ गिरधारीजी के अंतरमन से उठी, तिरानबे की उमर कौनो मजाक तो नहीं है। कितना भी कड़ियल इनसान हो कोई, तिरानबे पर एक पैर तो उधर लटका ही समझो। कहीं दूसरा भी...बुदबुद...

हड़बड़-हड़बड़ गिरधारीजी उठे। अँधेरे में तकिया के पास रखी टॉर्च टटोली, भक् से जलाई और मारी उसकी रोशनी बचवा ठाकुर के चेहरे पे। हैं, कोई हरकत नहीं? वे पास झुके।

कि तभी बचवा ठाकुर ने ढेर सारी साँस एक धकियाती कतार में बाहर उँडेली। जैसे गाड़ी के कारबोरेटर से एकदम से धप-धप करता धुआँ लंबी लहर बनाता बाहर को निकले।

झट टॉर्च बंद किया गिरधारीजी ने। लेटे, कलेजे को थामा, सहलाया पुचलाया, साँसों को ढाँढ़स की पटरी पर बिठाया और आँखें बंद कर लीं।

पर रात ने मानो करतब दिखाने की ठान ली थी। चारों तरफ निर्विकार अँधेरा और नींद न हुई गोया कैबरे डांसर हुई जो मचकती आई इधर से एक ठोंका लगा गई–'तिरानबे', गई लहराती पीछे और वहाँ से तान फेंकी–'न जाने कब,' फिर बढ़ी इतराती और कानों में फुसफुसा गई–'बुदबुद...'

साँसें फिर लड़खड़ाने लगीं। सिरहाने फिर हाथ बढ़ा गिरधारीजी का, टॉर्च-टॉर्च। अरे, कहीं बचवा ठाकुर को कुछ हो गया, राम खैर करे, तो फिर उनका रास्ता रोके कौन खड़ा होगा? घूरा फिर उस चेहरे को टॉर्च के प्रकाश में–बचवा ठाकुर की नाक से घुर्र-घुर्र साँस निकल रही थी।

'कमाल है,' गिरधारीजी के मन में कौंधा, 'ये कौन सी साँसें हैं जो लाइट फेंकने पर ही सुनाई पड़ती हैं?'

बहरहाल टॉर्च ऑफ़ की। लेट भी गए। मगर हाल बेचैन। कोशिश बाकायदा करते रहे कि स्थिर पड़े रहें, तन से भी, मन से भी। मगर पाया कि झुके जा रहे हैं ठाकुर की खाट की जानिब, कानों में समा के, कि साँस है तो अँधेरे में भी सुनाई पड़ेगी। उसे सुनाई पड़ना पड़ेगा। है? थी तो। झुके जा रहे हैं और बैलेंस गड़बड़ाए जा रहा है। अब गिरे, तब गिरे, की मंज़िल नज़दीक है!

न जाने कैसे मज़ाक कर लिया गिरधारीजी ने मन-ही-मन कि ससुरा बचवा जाए, न जाए, मुझे ज़रूर कुछ कर जाएगा! लेकिन वह 'कुछ' किसी हंटर की तरह उन्हीं के मुँह पे पड़ा और अगर वहाँ मुसकान खेली होगी तो एक बार में उसे झटक दिया, बाहर दूर!

मुँह और किस्म का, यानी घोर मुसकानरहित बना के लेट गए गिरधारीजी, किंतु नींद का हरामीपन बरक़रार रहा। आँखें जबरन बंद करें तो तरह-तरह की आकृतियाँ दिखती जातीं–खुली आँखें, चढ़ी पुतलियाँ, काठ-सा बदन, ज़बान बाहर को तिरछी लटकती, आदि आदि! पट से आँखें खोल देते तो दिमाग तजुरबेकार आवाज़ में सुनाने लगता–'आखिर फ़लाने के संग क्या हुआ था, खरबूजा खाया और पेट चल पड़ा, सात दफे बाथरूम गया और फिर टोटल गया। खाने के मामले में अपने बचवा ठाकुर हद

करते हैं, दो-तीन बार दिन में गए भी थे, क्या मालूम पेचिश-वेचिश...? और ढमाका तो बाथरूम जा रहा था, रास्ते में ही ढेर हो गया, जबकि वो सत्तर का भी नहीं हो पाया था।'

बाथरूम! घंटे की टंकार-सा बजा!

इतना बुड्ढा आदमी रात में एक दफ़े भी बाथरूम जाने को नहीं उठा? मैं तो जगा ही हूँ, एक बार नहीं उठा? गिरधारीजी स्वयं रात में चार-एक राउंड तो बाथरूम के ही लगाते हैं। उठे वे, पजामा का नारा थामे, टॉर्च ठाकुर पे चमकाई, फिर दरवाज़े पर डालते हुए बढ़े, फिर 'उधर' चमकाई, बाथरूम गए, लौटे और टॉर्च फिर 'उधर'।

बाथरूम क्यों नहीं जा रहा ये? हैं, अब तो नथुने भी नहीं चल रहे? क्या करें, क्या न करें, वे भारी पशोपेश में पड़ते गए। हाथ बढ़ाया कि बचवा ठाकुर के कंधे को झकझोरें, एकदम से डर के हाथ पीछे खींच लिया। लगा, कहीं 'उस' तरह का कंधा हो, कैसे छुएँ?

सहा नहीं गया तो खड़े हो गए। हिम्मत की—देर तक टॉर्च की रोशनी में 'उस' चेहरे और तन का मुआइना करते रहे। हैं! सच ही कोई हरकत नहीं, कोई आवाज़ नहीं। सिट्टी-पिट्टी गुम हुई जा रही थी गिरधारीजी की। वापस पलंग पर जाया भी नहीं जा रहा था। अकेले कमरे में न जाने 'किसके' साथ हैं? कोई जानदार चीज़ या...?

एकदम से गिरधारीजी बाहर निकल गए। गलियारे की बत्ती मीता जला छोड़ती थी। 'मीता-नरेश,' वे बहू-बेटे के कमरे में घुस गए, बत्ती जला दी और फटी-फटी आँखों से उन्हें पहचानने की कोशिश करने लगे।

"क्या हुआ?" हलकी चीख के साथ मीता उचकी। चद्दर कंधों पर डाल के पूछ रही थी तो गिरधारीजी के मुँह से कोई बोल ही नहीं निकला।

"पापा?" नरेश भी उठ बैठा।

"ज़रा देखो...उन्हें..." गिरधारीजी धीमे से बुदबुदाए।

पीछे वे, आगे नरेश। बेटे ने बढ़ के कमरे की बत्ती ऑन की तो बचवा ठाकुर हैंऽ हैंऽ आँखें मलते उठ बैठे और गिरधारीजी भी आँखें मिचमिचाने लगे हैंऽ हैंऽ।

"क्या है पापा?"

''सब ठीक है।'' गिरधारीजी ने चुँधियायी आँखों को खोल के दिखाया।

बचवा ठाकुर फिर लेट गए। नरेश ने पापा को लिटाया। ''सोइए, सब ठीक है,'' और बत्ती बुझा के जाने लगा।

''सब ठीक है।'' गिरधारीजी ने बताया या पूछा।

कुछ देर शांत लगा। पर वह शांत नहीं था। तेज़ तूफ़ान में घूमता-थमता बवंडर था। यानी थमा हुआ।

जो फिर घूम पड़ा! 'तिरानबे', गिरधारीजी के आसपास डोलता रहा, कान आवाज़ पाने की सुराग में फटने लगे, टॉर्च हाथ में ही था, ऑन-ऑफ़, ऑन-ऑफ़।

पता नहीं घंटा भर गुज़रा या कम? या .ज्यादा? गिरधारीजी इधर-से-उधर हिलने-डुलने लगे और जितना खुद हिलते उतना ही 'ना-हिलते' बचवा को मानने लगते।

टॉर्च लिया और फिर झुक गए बचवा ठाकुर के चेहरे पर। नाक के आगे हाथ जो रखा तो गलती से नाक में लग गया।

''ऐ क्याऽऽ'' करके बचवा उठा बैठे। गंदी-सी गाली देनेवाले थे कि गिरधारीजी को पहचान के मासूम हो गए।

''कुछ नहीं।'' गिरधारीजी बोले।

''बाथरूम तो नहीं जाना? पानी-वानी तो नहीं पीना?''

''ना हींऽऽऽ,'' गाते-से बोले बचवा।

''ओडोमोस? इसे कहते हैं। मच्छर तो नहीं लग रहे?''

''ना हींऽऽ'' करके बचवा ठाकुर ने ली चद्दर और मच्छर से कि गिरधारीजी से बचने के लिए सिर तक तान ली।

गिरधारीजी ने देखा तो, एक जिस्म सफ़ेद चद्दर में लिपटा-ढका 'रखा' था बगल में!

झिझक के मारे कुछ देर गिरधारीजी चुप साधे रहे। पर यह नई आकृति किसे भा सकती थी? डर के पहले तो गिरधारीजी ने टॉर्च जलानी बंद की। फिर ली कमरे की बत्ती जला दी। फिर 'उधर' ने देखते हुए कुरसी पर जा बैठे। फिर 'उधर' ही कनखियों से देखते रहे।

बहू आई, हल्के से बोली, "पापा, बत्ती क्यों जला दी? तबीयत ठीक है?"

"मेरी तो ठीक है मीता, मगर...देखो ज़रा 'उधर'...तब से वैसे ही पड़े हैं।"

"पापा," बहू ने हड़काया, "वो ठीक हैं।"

गिरधारीजी जल्दी से उठे और पास जा के "ठाकुर-ठाकुर' आवाज़ लगाने लगे।

"हैंऽ हैंऽ" करके बचवा ठाकुर उठे, लाठी के सहारे खड़े हुए, बाहर झाड़ी में जा के हलके हुए और लौट के आ के फिर सो गए। अब के चद्दर अलग पड़ी थी।

बेहद इत्मीनान से गिरधारीजी ने सारा मंज़र देखा "जाओ, बहू सो जाओ," सयाने स्वर में बोले।

"बत्ती बुझा रही हूँ।"

"हाँ" उन्होंने धैर्य से कहा।

बस बीच-बीच में टॉर्च जला देते। धीरे से अलग पड़ी चद्दर बचवा ठाकुर के पास से खींच के अपनी पलंग पे दबा ली। एक बार सँभाल के हाथ ले गए बचवा ठाकुर की नाक के नीचे। कैसे आती है साँस की छुअन? ठीक समझ नहीं आया तो पहले अपनी नाक के नीचे रखा, फिर बचवा ठाकुर की नाक के नीचे। अपनी साँसों को धीमी-धीमी महसूस किया, फिर बचवा ठाकुर की नाक के आगे का अहसास लिया।

इसी सब में झपकी लग गई होगी। उठे तो पाया कि चोरों की तरह काँप रहे थे। सब कुछ नए आवेश से दहाड़ता भीतर उठा। तिरानबे, तिरानबे, का नृत्य ज़ोरों से चलने लगा। टॉर्च झटके से जलाई तो ग़ज़ब—बचवा ठाकुर खाट की चौड़ाई में गिरे हुए थे, एक पैर ज़मीन की तरफ़ लटका हुआ, सिर दूसरी तरफ़ हवा में लुढ़का हुआ और मुँह भयानक मुद्रा में खुला-का-खुला! मानो उठना चाहा था बाथरूम जाने को। उठ भी न पाए थे कि गिर पड़े और...ग...गए!

धक-धक, गिरधारीजी की नींद जीवन भर के लिए मिट गई। पता नहीं कैसे बत्ती जला पाए। एक बार और गौर से 'उधर' देखा। ये ग़लतफ़हमी नहीं थी। अब के तो वाक़ई...

हृदय की गति तीव्र हो गई। पाँव लोहे-से भारी प्रतीत हुए, दिक्क़त से वह गलियारे तक पहुँचे और बेटे के कमरे की तरफ़ मुड़े। घुड़की के डर में अविश्वास से वापस आए। ठाकुर वैसे-के-वैसे। फिर बढ़े। अंदर।

धप से बेटे-बहू की पलंग के पायताने बैठ गए।

मीता की चीख दोबारा फूटी। ''पापा, क्या है?'' नरेश जोरों से बोला। गया, उनके कमरे में झाँक के आया। ''ठीक तो हैं। पापा आपको क्या हो गया है?''

तब गिरधारीजी भी अपने कमरे में आए तो ठीक? बचवा ठाकुर पलंग पर सीधे हो के लेटे थे, मुँह से हलके-हलके खर्राटे आ रहे थे, और सिर एहतियात से तकिया पर था, जिसे उन्होंने डबल मोड़ लिया था।

नरेश को देखकर गिरधारीजी को बचवा ठाकुर पर गुस्सा हो आया, पट्ठा मुझे बच्चों के आगे गलत साबित करता है! अब होए जो होना है, पड़ा रहने दूँगा वहीं!

नरेश लौट गया, पर इतने कुछ के बाद गिरधारीजी बाहर बगिया में घूमने के सिवा कुछ करने लायक नहीं बचे। एक बार मीता आ के बोली भी 'पापा थोड़ी देर सो लीजिए।' मगर गिरधारीजी टहलकदमी करते, अंदर झाँक आते। पलंग पे बैठ लेते, झुक के 'ठाकुर-ठाकुर' आवाज़ लगा देते, 'हैंऽऽ' हरकत होती तो जल्दी से लेट के आँखें मूँद लेते, फिर उठते, देखते, कुरसी पे बैठ जाते, जाँचते, बाहर निकल आते।

यों हुआ कि उस रात तो नींद आ के ही ना दी, क्योंकि नींद नींद नहीं, कोई पिशाचिनी नृत्यांगना थी जो आगे-पीछे लोटती, झटकती, अजीबोग़रीब समाँ बनाती गई।

जब चार-साढ़े चार बजे के बाद कहीं मुरगे ने बाँग दी और अँधेरे को चीरती, अभी भी अदृश्य, उजास की लकीर आने लगी, तब जा के गिरधारीजी, जो चद्दर के तिकोने खेमे में पलंग पे पड़े थे, लुढ़क गए—सिर तकिया से अलग गिरा और मुँह खुला हुआ था, एक पैर नीचे को लटक गया था।

''पापा! पापा!'' नरेश और मीता उन्हें कस-कस के झिंझोड़ रहे थे।

''ठाकुर! ठाकुर।'' हड़बड़ा के गिरधारीजी उठ बैठे।

सामने खिड़की के बाहर, बगिया के बंबे पर, धोती रानों पे लपेटे, पीतल का लोटा बगल में रखे, राख से हाथ धो रहे थे बचवा ठाकुर!

सुबह हो गई थी। निवृत्ति-आवृत्ति का सिलसिला क़ायम हो गया था। सैर से लौटे गिरधारीजी तो बचवा ठाकुर दिन के कार्यक्रम के लिए तैयार बैठे थे। किसी चचाजाद भतीजे के घर दोपहर तक पहुँचना था, वहीं से गाड़ी में बैठ के गाँव को रवाना होंगे।

"आहिस्ता-आहिस्ता," वे जग्गू को समझा रहे थे। "जब रिक्शा आया नहीं तो क्यों अभी से झोला उठा रहा है? टैम से पहले काहे खड़ा हो जाऊँ फाटक पर? बहू एक गरम-गरम चाय पिला दो तब तक।"

सुड़-सुड़ चाय पी के बचवा ठाकुर तो चले गए। तब हुआ यों कि गिरधारीजी ने पीछे मुड़ के लगाई आवाज़—"बहू रे, जगुआ। रात भर मैं सोया नहीं, ज़रा गुलगुले बचे हों तो भेजो।"

दोनों बातों में क्या मेल है, किसी को समझ नहीं आया, मगर मीता ने जग्गू से नहीं भेजे, खुद गुलगुले ले के आई, और मुसकराती हुई ससुर के आगे प्लेट रख के उनके पास बैठ गई।

पीला सूरज

लगता है, जैसे कोई रिंग मास्टर कहीं अदृश्य खड़ा अपना चाबुक सड़ाक्-सड़ाक् चला रहा है और एक के बाद एक आइटम पेश कर रहा है। पहले मनकती हुई हवा घुसी आई, फिर अँधेरे के गुबार भर गए। अब गरजते बादल घुमड़ पड़े हैं। सड़ाक्-सड़ाक्, तेजी से आते जा रहे हैं नए-नए कलाकार!

कुछ ही देर पहले कैसा शान्त था हर तरफ़। मैं बेअक्ल, उसी के झाँसे में आ गई। न जाने कहाँ भटक गई हूँ।

मेरे मन का आईना बनता जा रहा है यह मौसम—अँधेरा और अंधड़। डर भी ठीक से सूझ नहीं रहा।

इधर कोई नहीं है। बस दूर-दूर तक फैला अँधेरा, ताक में बैठे यह पहाड़, विकल सुर में गाते यह वन और सँकरी पगडंडियों पर बदहवासी से टूटती हवाएँ। जैसे कुछ ढूँढ़ते-ढूँढ़ते भूल गई हैं कि क्या खोजने निकली थीं—कभी हरहराकर इधर टकरा जाती हैं, कभी सनसनाकर उधर बहक जाती हैं।

शाम को मैं निकली थी तो मन बोझिल था, 'जेट-लैग' के ठस्सपन से भारी। शहर की गलियों में यों ही डोल रही थी पर ऊपर खिड़कियों में, जिरेनियम के गमलों की आड़ से घूरते मोटे-मोटे सफ़ेद चेहरे, अजीब सूनापन मन में भर गए। उन सन्देहपूर्ण नज़रों का इस तरह मुझ पर जम जाना अखर गया था। हुँह, कहने को तो लोग यही कहेंगे कि अतिरिक्त जिज्ञासुपन हिन्दुस्तानी बीमारी है! किसी अज्ञात बोझ के तहत मैं झुक गई, हाथ जेबों में छुपा लिए और उन सन्नाटेदार आँखों से दूर होती चली गई। चेहरे पर चिपकी स्थिर गीली हवा के पैग़ाम से बेख़बर।

यह साज़िश थी उन आँखों की जो मुझे यहाँ सुनसान में छोड़ दिया है। भुला दिया कि कल आई.एल.ओ. की मीटिंग में साबुत पहुँचना है, ज़ोरदार दरख़्वास्त करनी है, मिल-मज़दूरों के लिए भारी ग्रांट माँगनी है।

अब याद आ रहा है और कुछ-कुछ परेशान हो रही हूँ, क्योंकि नीरव अचल की जगह बेकरारी में गोल-गोल घूमता तिमिर है, इतना अजनबी। मौसम के बदलते वेग के साथ, मेरी घबराहट कदम से कदम मिलाकर चल रही है। हड़बड़-हड़बड़। कुछ ख़बर नहीं कि होटल की तरफ़ भाग रही हूँ या उससे और दूर होती जा रही हूँ। घबराहट की हद में मुझे और भी कुछ नहीं सूझ रहा...क्या करना चाहिए...क्या होगा...?

इस मनहूस देश के लिए रवाना ही गलत घड़ी में हुई। पहले तो प्लेन बम्बई से छः घंटे देर से चला। हाँ, इस कारण इतना ज़रूर हो गया कि मुकदमे का नतीजा पता चल गया। पता तो शुरू से था कि मैं ही जीतूँगी पर यों जानते रहना और बाक़ायदा 'जजमेंट' पास हो जाना, दोनों में फ़र्क है। मैनेजर को हिदायत दे आई हूँ कि मेरे लौटने तक सारा काम निबट जाए—फाटक के सामने की सारी झोपड़ियाँ उठ जाएँ और कोई सड़ी महक बाक़ी न रहे।

बस, इतना ही क़ायदे से हुआ है तब से। बाक़ी सब तो शापग्रस्त हो जैसे! लेट प्लेन, विंडो सीट नहीं, और वह भी उस शोहदे मुन्दड़ा की बगल में; और यहाँ की बेरौनक फ़िज़ा। किसी पिक्चर पोस्टकार्ड की तरह सुन्दर और मुर्दा।

कैसे निस्तार पाऊँ अब?

अचानक एक साइकल-सवार दिखा। फुर्ती से पैडल मारता, बरसात शुरू होने के पहले रफूचक्कर होने की धुन में। 'हे...' मैं चिल्लाकर उसकी ओर भागती हूँ। वह ठिठक गया। एक पैर साइकल से नीचे, ज़मीन पर टिकाए। मुझे करीब आते देख रहा है। अँधेरे से जैसे ही वह मेरा चेहरा अलग कर पाया, उसके मुँह से चीख निकल गई और इससे पहले कि मैं उठा हुआ पाँव नीचे कर पाऊँ, वह अपनी जान लेकर भागा। अरे बाबा, काला रंग है तो क्या चुड़ैल हूँ? सफ़ेद भूत कहीं का! मैं मन ही मन उसे गलियाती हूँ।

पर कुफ्र तो 'चुड़ैल' पर गिरा है, 'भूत' को क्या; वह तो जल्दी ही मस्ती में कहीं बैठा गरम-गरम 'फौंड्यू' में रोटी डुबो के खा रहा होगा। मैं क्या करूँ? रिंग मास्टर की हर सड़ाक् पर दिल उछलकर मुँह को आ रहा है। सड़ाक्-सड़ाक्। अगला कार्यक्रम बारिश की कलाबाज़ियों के अलावा क्या हो सकता है?

मानो बस मन में बात लाने की देर थी। ताबड़तोड़ बारिश शुरू हो गई, हूबहू सत्तर एम. एम. स्क्रीन पर दहलानेवाले आर्त्तनाद के साथ।

अब क्या फ़र्क है, घबराहट के हुजूम में गोल-गोल चक्कर काटे मन, या ठगा हुआ सुन्न पड़ा रहे मन? ऑल वैदर कोट के हुड को सिर पर खींच लिया है और किसी पेड़ के तने से सट गई हूँ। अब तो जो होना है, हो।

जैसे बचपन में पानी में 'डूबते' वक्त होता था, जब बड़े काका शिकार पर जाते थे और दादी से बचकर टुइयाँ और मैं पीछे के हौज़ में नहाते थे। हम पानी में घुसकर मरने का नाटक करते थे, देह को ढीला छोड़ देते कि डूबना है तो डूब जाएँ। अब जो होना है, हो। आप ही पैर हौज़ के तल से उठ जाते और हम पानी पर, ऊपर 'फ्लोट' करने लगते।

कितने साल बाद मैंने उस हौज़ पर 'फ्लोट' करती आम की गुठलियाँ देखी थीं। फूलकर नारियल जितनी हो गई थीं। मुझे यकीन हो आया था कि इन्हें टुइयाँ ने ही कभी चूसकर फेंका होगा। उन 'लाशों' को देखकर कहीं मन वीरान हो जाता था। मंडा बाई टुइयाँ को उठाकर ले गई थी, मेरे लिए यह गुठलियों की 'लाशें' ही बाकी थीं।

विचित्र है यह बरसात जो मैं उन 'लाशों' में खो रही हूँ। यहाँ अकेले, इस निर्जन में, उन फूली हुई गुठलियों का ख़याल अच्छा नहीं लग रहा। अजीब खौफ़ में मन डूब रहा है।

सामने पहाड़ नीचे को ढलता है। वहाँ पानी किसी प्रचुर झरने की तरह एकदम से टूट गिरता है और इस बेआब अँधेरे में, उड़ती फेन से निकलती सफ़ेद-सफ़ेद प्रेतात्माएँ इधर-उधर गायब हो रही हैं। कुछ भी मुमकिन है इस अनोखी इन्द्रजाली रात में। इन पहाड़ों में से कोई बेबस पुकार इधर से उधर सरकती जा रही है।

मेरे बचपन का घर ऐसी ही घाटियों में था। ऊँचे-ऊँचे पहाड़ों के चढ़ने से पहले। जब सामने नदी का पानी पतली-सी धारा बन जाता तो वहाँ, उसके तट पर, दिन-भर मोर बोलते और रात को कितने काले आकाश में पास-पास, पास-पास, तारों के गुच्छे होते, गुच्छे ही गुच्छे। तब पाँच-छह बजे तक शहर की आखिरी गाड़ी लौट जाती—अब तो खैर शहर ही, झोंपड़ों का लिबास पहने, घर तक सरक आया है—और दूर-दूर तक बस हम होते। जाड़ों में वहाँ धुँध होती, ठिठुरन से लैस। अक्सर बारिश आ जाती, एक ही सुर में पड़-पड़ गिरती।

आग धू-धू करके जलती थी। मैं देर तक लकड़ियों का चटकना सुनती रहती, उनसे टिकते अंगारों को देखती रहती। सामने पलंग पर दादी की नाक से घुर्र-घुर्र आवाज़ आती और उनके चेहरे पर आग के लाल साए विचलते। मुझे पता था, बड़े काका दीवानखाने में अँगीठी के आगे पैर फैलाकर गिलास में 'दवा' और बगल में दवा की बोतल लिए बैठे होंगे। पीछे खड् के पार गन्नों-सी ऊँची घास थी, जिसमें बड़े काका कहते थे कि हाथी, बाघ, चीता रहते हैं। खड् तक सूँघने आते हैं कि शायद मैंने शैतानी की हो और वहाँ फेंक दी गई हूँ। मैं सिहरकर दादी की सिली रेशमी रज़ाई में दुबक जाती। बड़े काका कहते थे, टुइयाँ को वहीं फेंक दिया था। उसे क्या शेर उठा ले गया? मैं दादी से पूछती। वह कहती कि नहीं, उसे मंडा बाई उठा के ले गई।

हवा के झोंके से मानो कोई बरसात की झीनी-सी चादर मेरे मुँह पर मारता है। मैं ऑल वैदर कोट को बदन पर कसती हूँ। अभी पानी कपड़ों की भीतरी तह तक नहीं पहुँच पाया है। यह रात...क्या राज़ है इसमें? क्यों फँस गई मैं यहाँ? पर अब करूँगी क्या? इन जगहों में तो केवल घूमने के शौक से लोग आते हैं। इस तूफ़ानी, अँधेरी रात में किसका शौक चर्राएगा? तो क्या रात यहीं बीतेगी? क्या कल मीटिंग में मेरी लाश पेश होगी? अजीब बेवकूफ़ी है—आई.एल.ओ. में आया सदस्य यों भटक गया! कुछ तो करना ही पड़ेगा। किसी भी तरफ़ भीगते-भागते बढ़ना ही होगा।

मैं हूँ कि विमूढ़-सी खड़ी हूँ, इस 'सर्कस' के बीच, अजीब रहस्यों में उलझी। घर याद आ रहा है। बचपन की सुरक्षा याद आ रही है जो न बाघ

न हाथी न बड़े काका .ख़ुद तोड़ पाए। आकाश में खिंचा शामियाना रह-रहकर हवा के प्रहार से झटक उठता है,...फड़फड़...बारिश को किसी भी तरफ़ उछाल देता है। उन छींटों में कोई साया उभरता है...लोप हो जाता है...बनता है...बिगड़ता है...।

ऐसी लाचारी।

कोई सुराग़ नहीं। मेरी आँखें अँधेरे में झाँकती हैं, किसी आसरे को ढूँढ़ रही हैं।

वह क्या? अँधेरे का आकार? या कोई...?

एक झुकी, बौनी-सी परछाईं मेरी तरफ़ बढ़ रही है। मेरे आज और कल को समेटे...।

कुछ है जो मेरे बौखलाए मन पर बूँदों की तरह टप्-टप् गिर रहा है, निरन्तर टप्-टप् कर रहा है। सिकुड़ी-सी वह काया मेरी ही तरफ़ आ रही है।

"त्...तुम?" मेरे मन की एक भूली हुई पुकार।

पर यह तो एक सफ़ेद औरत है। सस्ती जीन की स्कर्ट जिसमें पैबन्द लगा है, स्टॉकिंग्स जिनमें सीढ़ियाँ बन गई हैं और अँधेरे में भी बदरंग, खुरदरा, ऊनी शॉल।

इसको भी क्या आई.एल.ओ. की इमारत तक पहुँचना है? रात को जब अन्तर्राष्ट्रीय गोष्ठियाँ समाप्त हो चुकी होती हैं और देश-विदेश के डेलीगेट जहाजों में घर को रवाना हो जाते हैं, तो क्या नीला एप्रन पहनकर सबके जूतों से झरी धूल बुहारती है? अगले रोज़ की मीटिंग के लिए पोछे से आई.एल.ओ. की फ़र्श पर दगदगाती चमक लाती है?

या 'ट्रैंप' होगी। इस समाज से दुत्कारी हुई, तन-मन से दुखी। सस्ती दारू में डूबी। ट्रैशबिन की खुरचन पर हाथ मारती।

वह मेरे पास आकर खड़ी हो गई। झुकी पीठ की वजह से मुझसे नाटी। झुर्रियों के बीच मूक आँखों से कुछ टोहती। सिर पर छाता थामे।

कहीं काँप गई हूँ मैं। क्या मेरा हाथ उसके भीतर होता हुआ उस तरफ़ निकल आएगा, जैसे हवा में डाला हो?"

"क्...कौन हो तुम?"

मेरी आवाज़ फूट पड़ती है।

वह चुप है। सूनी आँखों से ताकती।

इस उम्र में ऐसी नादानी, मैं .खुद को टोकती हूँ–"कैन यू टैल मी द वे टू दोंफ़ेरोशरो?

साफ़, सधे लफ़्ज़।

वह चुप।

"दोंफ़ेरोशरो!" मैं बारिश से ऊँचा चीखती हूँ।

"दों-फे-रो-श-रो।" मैं अलग-अलग उच्चारण करती हूँ।

सहसा वह हाथ ऊपर उठाती है, विनती के-से भाव में, उसके होंठ खुलते हैं, मानो कुछ बोलेगी...बोलना चाह रही है...और फिर अजीब बेकसी से खुले हुए होंठ थरथराने लगते हैं...नहीं बोल पा रही...भाषा की लाचारी है...। हाथ नीचे गिर जाता है, आँखें झुक जाती हैं। हताश से काँपते होंठ...। मेरे मन पर पड़ती बूँदों की सतत टप्-टप् और तीव्र होती जा रही है। कोई बिसरी हुई याद मचल रही है।

कि तभी ज़ोर के धमाके के साथ सारा पहाड़ हिल उठता है। मैं चकपका कर उछल पड़ती हूँ। वह तेज़ी से मुझे खींच लेती है। मेरी बाँह अपनी बाँह में लपेटकर मुझे छाते के नीचे समेट लेती है।

बरसात, हवा, पत्ते, पहाड़...। उस छाते के नीचे आते ही प्रकृति का सारा शोर हमें घेरे होकर भी दूर प्रतीत होने लगता है। उसकी गूँगी, खोह-सी उदास आँखें, फड़कते होंठ...। मेरा विक्षिप्त-सा मन कुछ खोए हुए को टटोलता...खोजता...। शोर के बीच में दुबका हुआ यह दृश्य।

"मंडा बाई!" मन के किसी कोने में ठंडी पड़ी राख से उठता एक दबा हुआ आह्वान।

ऐसी ही रातों में मंडा बाई आती थी। खिड़की के नीचे बिछी दादी की कथरी पर धीमे से पैर रखकर मेरे पास चली आती थी। मैं हाथ फैला देती और मंडा बाई मुझे गोद में समेटकर अपना छींटदार लहँगा सरसराते हुए बरसती घाटियों में निकल पड़ती थी।

कथरी की ही तरह कतरनों से जुड़ा उसका लहँगा सरर-सरर खड्ड के पीछे की घास को चीरता। मैं उससे चिपटकर कस के आँखें मींच लेती।

वहीं कहीं अँधेरे में दो अंगारों-सी आँखें होंगी और लम्बे-लम्बे नाखूनों में लिथड़ा टुइयाँ का बदन। घास पर घसीटा जाता होगा—घस्-घस् ठक्-ठक्। टुइयाँ चिल्लाना चाहता है पर उसका मुँह तो टुकड़ों में अलग-अलग झूल गया है। फिर पहाड़ी गुफ़ा है जहाँ शेर चप्-चप् करके उसका कचूमर बना रहा है शेरनी और उसके बच्चे उनकी तरफ़ फिंकी बोटियों को नोच रहे हैं। गुफ़ा के द्वार से मक्कार गीदड़ धीरे से खिसक आता है, चुसी हड्डियों को चोरी से खींच लेता है, जैसा दादी की कहानी में है।

मैं दबे स्वर में पूछती—"मंडा बाई, क्या तुम ले गई हो टुइयाँ को?"

मंडा बाई रुक जाती। सर्र-सर्र : थम जाती। फड़फड़ाती चादर में सिमटी मंडा बाई झुकी, बौनी-सी और सिमट जाती। 'टुइयाँ मर गया...' अचानक हवा के साथ फुसफुसाती और तेज़ी से चलने लगती।

पर मैं कहती, "नहीं मंडा बाई, बड़े काका मुझे भी मारते हैं।"

तो वह हँसने लगती; जोर-जोर से, विकराल हँसी, सब कुछ हिला देती। उसके कानों की पाँचों बालियाँ, नाक की नथ, अंगारों-सी उद्दीप्त आँखें। उसके बड़े-बड़े नाखून मेरे कन्धों में गड़ने लगते।

"नहीं!" मैं सुबकने लगती।

क्रूर वेदना से विकृत उसका चेहरा। अपने कपड़ों की पर्तों से तब वह बड़े काका की चमड़े की जूती निकालती। दानवी हँसी के साथ हाथ हिला-हिलाकर हवा में नचाती। बाद में काका की अँगूठी गुसलखाने में साबुनदानी के पीछे मिल गई थी, पर जूती गायब हो गई थी।

"टुइयाँ ने दिया?" मैं सहमकर पूछती। दादी ने कहा था, यह उसी की कारस्तानी होगी।

मंडा बाई मुझे झकझोरती। झकझोरती ही जाती। मेरे कानों में घास में भरी हवा जोरों से साँय-साँय बजने लगती।

"अइया..." मैं चीख पड़ती, "दर्द हो रहा है।"

"दर्द?" वह अचानक बुत बन जाती। और खोई, अस्पष्ट आवाज़, घास में नीचे-नीचे, जड़ों के पास, राह टटोलती, विपंग-सी, धीरे-धीरे सरकती। "कितना दर्द...दूर-दूर तक फैला दर्द...।" उसके आँसू लुढ़क पड़ते। मेरी भी आँखें बरसने लगती थीं।

मैं अचकचाकर छाते के नीचे मुझे चिपटाए इस अजनबी औरत को देखती हूँ। दर्द से विकृत है उसका चेहरा। सूनी-सूनी आँखों में बरसात के सिहरते साए, जैसे खंडहर में हिलती कोई बेबस आकृति और न कह पाने की तड़प से काँपते लब। किसका दर्द? कौन है वह? क्या नहीं समझ पा रही मैं? ऊपर से गिरती बरसात, पहाड़ की चट्टानों पर टकराकर अनेक बेकार सवालों के छींटे उड़ा देती है।

मंडा बाई मुझे गोद में बटोर लेती थी। "तुम जानती हो। तुम टुइयाँ हो। पर भूल जाओगी, जब तुम्हारे आँसुओं में सिर्फ़ तुम होगी।"

"मुझे टुइयाँ के पास जाना है।" मैं रुँधे स्वर में कहती।

हम बढ़ने लगते। इधर-उधर। सूनी सड़क पर भूले पड़े लिफ़ाफ़े की तरह बेसुधी में खोए।

तब बारिश बढ़ जाती थी। धुआँधार बारिश। पहाड़ तड़तड़ाने लगते। मंडा बाई मुझे अपने सीने में छुपाए गुफ़ा की तरफ़ भागती।

वहीं मैं टुइयाँ का इन्तज़ार करती। बरसाती रात में मंडा बाई गुफ़ा के बीचोंबीच एक दीया जला देती। गुफ़ा के द्वार पर झरने की तरह पड़ती बारिश में तारे चमक जाते। दीए की लौ हवा पर सवार गुफ़ा की दीवारों पर फड़फड़ा जाती।

और रंगीन खड़िया से मैं गुफ़ा की दीवारों पर लकीरें खींचती। गोल, चौकोर, कुछ भी। यहाँ हरा, वहाँ बैंगनी। निरन्तर नए-नए आकार फड़क उठते। उन्हीं लाइनों से अलग-अलग कहानी मेरे आगे सजीव होके चलती-फिरती। और मैं लगातार बदलती ज़िन्दा तस्वीरों को देखकर हुलसने लगती।

"यह देखो," मैं ताली पीटती, "यह तुम हो, यह तुम्हारा हाथ है... और यह देखो पानी है...नहीं यह तुम नहीं...यह नाव है...यह उसकी पतवार है...तुम इसे खे रही थीं...अब उतर गईं...देखो... ।"

"और यह क्या है, बड़ा-सा यह हरा गोला?" वह उमगते हुए पूछती।

"यह सूरज है" मैं बेधड़क जवाब देती।

वह भी ताली बजाने लगती, "यह लो खाओ।" खुश होकर एक सकोरा मेरी तरफ़ बढ़ाती।

मैं काजू और चिलगोज़े देखकर सहम जाती। यही थे टुइयाँ के पजामे की गाँठ में जब अँगूठी खो गई थी।

"यह टुइयाँ के लिए है।" मैं उसका हाथ सरका देती।

मंडा बाई हैरत से मुझे देखती, फिर धीमे से मुस्करा देती। "पर कौन मानता है?" उसके होंठ फड़फड़ा जाते।

"तुम खा लो।" मैं कहती।

वह खोखली हँसी हँस देती, "भूख निगलते-निगलते पेट भर गया है बिटिया! अब कुछ भी खाने के नाम पर मतली आ जाती है।"

"दादी की कहानी की बुढ़िया तो गोबर से दाने बीनकर रोटी बनाती है।"

"खाओगी?" मंडा बाई मेरे सिर पर हाथ फेर देती।

"खाऊँगी" मैं कहती, और खाने लगती।

"जब सड़ाँध आए तो फेंक देना।" फिर वह रुआँसी हो जाती। "आएगी। सड़ाँध आएगी। तब मैं नहीं आऊँगी।"

बाहर की घनघोर वर्षा में मेरा स्वर टूट जाता—"आना मंडा बाई!"

"नहीं दूँगी।"

"देना मंडा बाई!"

मेरा सिर मंडा बाई की जाँघ पर लुढ़क जाता और वह कबीर गाने लगती—

"कैसे नगरि करो कुटवारी
चंचल पुरिष बिचषन नारी।"

मुँह बिचकाकर हाथ हवा में यों, मानो पखावज टकोरती हो—तिरकिट धिन धिन। नाक दबाकर बीन का पींऽऽ बजा देती। ज़बान लुढ़काकर खंजरी खड़का देती।

"बैल बियाइ गाइ भई बाँझ।
बछरा दुहै तीन्यूं साँझ
मकड़ी घरी माषी छछिहारी।
मास पसारि चील्ह रखवारी।"

"अरे!" मैं उचक बैठती, "तुम तो टुइयाँ की तरह गाती हो। वह भी ख़ुद ही सारे वाद्य बन जाता है।"

"जिसके पास कुछ नहीं होता, उसमें कुछ भी बना देने की ताकत होती है।"

"हाँ!" मेरी आँखें फैल जातीं, "भगवान है?"

"क्यों, ज़हर को उसने ताकत में बदला कि नहीं?"

बड़े काका ने डिस्पैंसरी की सारी पुरानी पड़ गई कैल्शीयम की गोलियाँ टुइयाँ को खिलवाई थीं। दादी बताती थीं, वह चलने लग गया था हालाँकि उसके पैर तब भी वैसे ही थे, सींक समान, घुटनों पर मुड़े हुए।

"बताओ। और बताओ।" मैं आग्रह करती।

तब मंडा बाई दीए की लौ की तरह झूमने लगती, इधर से उधर। कुछ से कुछ बोलती रहती। मानो नशे में हो। या बच्ची हो। या कलाकार हो। या मग़रूर हो। या बस चूर-चूर हो। बाहर बारिश की ही तरह वह बकती रहती।

"तुम पागल हो।" मैं बड़े काका के शब्द दोहराती।

"हमने तो तानाशाहों के ऊँट चराए हैं। ऊँट आदमी से टेढ़ा जीव है, उसे बस में कर लिया।"

उसका नौ गज़ा घेरदार लहँगा फहरा उठता।

बोलते-बोलते वह हँसने लगती, सारी गुफ़ा को हिलाते हुए, किसी भूचाल के जैसे। मैं भयातुर निगाहों से ज़िन्दा चट्टानों को देखती। कभी हाथी रौंदने को दौड़ता, कभी शेर मुँह खोल के गरजता। कभी हर तरफ़ साँप सरसराने लगते, कभी परिन्दे फड़फड़ उड़ने लगते।

"देखो, वह देखो," मैं उसके घाघरे को कसके पकड़ लेती, "शेर के सिर पर सूँड! हाथी के सिर पर सींग!"

वह अचानक रुक जाती। मेरी ठोढ़ी ऊपर झटकाकर आँखों में झाँकती, "आज सबकुछ हो सकता है, क्योंकि आज तुम टुइयाँ हो।"

"कहाँ है टुइयाँ?" मैं हर तरफ़ उसे खोजती। मैं उसके संग छिपकर मकोई खाती थी। बड़े काका कहते थे उसे छूना मत और दादी कहती थी अछूत भी इंसान है, पर मैला है।

"कहाँ है टुइयाँ?" मैं फफक पड़ती।

"आएगा। टुइयाँ रहेगा। जब तक तुम बड़ी रहोगी वह तुम्हारे पास रहेगा।"

"पर मैं तो छोटी हूँ।" मैं विस्मित होकर बताती।

"नहीं। जब तुम छोटी हो जाओगी तो हमारी भाषा भूल जाओगी। तब कुछ नहीं सीखोगी। तब कुछ नहीं बनाओगी। चट्टान पत्थर होगा, सूरज पीला होगा। तुम मर जाओगी।"

"कब मंडा बाई?" मैं डर जाती।

"जब सूरज पीला हो जाएगा।" वह बेगाने स्वर में कहती। बूढ़ी-सी, बौनी-सी, छींटदार लहँगे में सिकुड़ी, मेरे ऊपर ममता से झुकी, अद्‌भुत भेद भरी बातों की झड़ी लगाती रहती।

और पता नहीं किस पल गुफ़ा के मुख पर बने झरने के आगे एक क्षीण-सी छाया अंकित हो जाती–वही दुबली-सी काया, वही घुटनों पर मुड़े लकड़ीनुमा दो पैर...।

बिजली के चौंकने के साथ मैं भी चौंक जाती हूँ।

मेरी बाँह थामे यह अजनबी औरत अपने छाते के नीचे मुझे छुपाए हुए है। हर तरफ़ तूफ़ानी वेग में थरथराती कोई विक्षिप्त भटकन। भूले जन्म के एहसास से काँपती तिलिस्मी रात।

ठीक सामने की शाख़ पर बूँदों की क़तार है, एक-एक पग आगे बढ़ती हुई, जुगनुओं की तरह चमकती। बरसात में धुआँ उठ रहा है। लहराता हुआ।

मेरे भी होंठ काँपने लगते हैं, छाते के नीचे उस औरत की बाँह में हाथ अटकाए। पता नहीं क्या होगा। कब तक यह बरसेगा। कब तक अँधेरा सटा रहेगा। हम सारी दुनिया से परे, तूफ़ानी अँधेरे में एक छाते के नीचे, सिमटे पड़े हैं। बरसात की दो बूँद, घनघोर बारिश से छिपकर किसी पत्ते की ओट में लटक जाएँ जैसे।

मैं सोच रही हूँ कब सूरज उगेगा। जिनेवा की अन्तर्राष्ट्रीय इमारतों पर, देश के मेरे पुश्तैनी मकान पर, उन झोंपड़ों पर...

इस तूफ़ानी बरसात के बाद क्या बड़ा-सा पीला सूरज होगा?

चकरघिन्नी

मैंने फिर कोशिश की। जैसे लेखन में करती हूँ कि फिर शुरू करूँ तो अब के खत्म कर पाऊँगी। पर इतना ही हुआ कि जहाँ मुड़ना था तन लचपचाया, पल भर को पंजों पर डिगडुग सँभला, और फिर उसी रफ्तार से बढ़ चला।

एक फेरा और।

फिर एक और।

राउंड पे राउंड मैं मारे जा रही थी। बिना रुके।

मैं रुक नहीं पा रही थी।

चिल्लाऊँ? कि रोको मुझे? खींच के बीच राह? जैसे झूला झुलाती बच्ची बस मेरी बारी करती झूले को खींचती है और दाएँ-बाएँ बाएँ-दाएँ असन्तुलित से झटकों के साथ झूले को रोक देती है। रुक...झटका... लचका...रुक गया।

पर मैं ठहरी बेहद प्राइवेट आत्मा। पुकारूँ? जोर से? अनजान किसी को? किसी को? सवाल ही नहीं! गोल-गोल चक्कर मारती रहूँगी और उम्मीद करूँगी किसी की नजर नहीं पड़ी और रुक जाऊँगी जब रुक पाई।

वैसे अभी ठीक ही था, खास कोई नहीं देखने दाखने को, और पहिया भी तो द्रुत से मंथर से थम तक आते-आते आता है! आदमियों की टोली निकलनी शुरू ही हुई थी, फ्लैटों के बीच के लॉन में जमा होने पर अभी इतने चौकन्ने नहीं थे कि देखें एक निवासी लगी हुई है फ्लैटों के चारों ओर सैर में!

ये मेरी मॉरनिंग वॉक, दिन प्रतिदिन की। और आदमियों के निकलने की घड़ी मेरे लौटने की।

बस यहीं जरा सा लोचा हो गया आज। पैर एकदम से थम नहीं पा रहे थे।

मैं उनके रुकने का इन्तजार करने लगी।

आदमी ताली बजाने लगे। अपनी बाकी टोली को जगाने।

एक मल्टी स्टोरी से दूसरी मल्टी स्टोरी के बीच की खुली जगह में उनकी तालियाँ और जोर से बजतीं। ये तो कोई बात नहीं हुई! क्या करूँ, गेट खोल के बाहर निकल जाऊँ और किसी दूर के पार्क में अपनी इस चक्रगति को ठिकाने लगाऊँ?

पर दूसरे पार्कों में जाना कब का बन्द कर दिया था और उस बेफिक्री को कि छोड़ो पीछे बन्द दीवारों की तूतू-मैंमैं और छानो दुनिया को, उठाओ फाटक का पल्ला और निकल पड़ो।

फाटक पर अभी ऊँघा समा बाकी था। गार्ड रूम का दरवाजा अधखुला था और टेबल फैन की आवाज आ रही थी। सो रहा होगा!

खम्बे पर बत्ती ऑफ हो गई।

जग रहा होगा!

तो मैंने अपनी गैरइरादा चाल बाइरादा बनाई और फाटक के सामने से फट- फट निकली। कौशल से मोटर गाड़ियों के बीच दाएँ-बाएँ बाएँ-दाएँ जैसे नौका चालन करती।

जरा सी जगह और उसपर गाड़ियाँ!

हर बार सोसायटी मीटिंग में छिड़ती कि गाड़ियाँ यहाँ न ठूँसो, फाइन लगाओ, पहली पर कम, दूसरी पर ज्यादा, और बीच की एक अकेली हरे रंग की कहलाने वाली जगह को सीमेन्ट सपाट करके कार पार्क बना दो और क्या करेंगे अगर आधी रात में एम्बुलेन्स बुलानी पड़े, फ्लैट से गेट तक मौत की गारन्टी, रात को दिल का दौरा न पड़ने दो?!

इतनी सुबह भी नहीं, मैंने मुचामुच गाड़ियों के पार जाते हुए तय किया। हालाँकि सवेरा हरकत की तैयारी में आ रहा था। ड्राइवरों का आना शुरू। कोई इन्जन रिरिया उठा, गाड़ियाँ धुल पुँछ रही हैं। बच्चे स्कूल जाएँगे, और जनता काम पे। ये सब हो हवा जाए, फिर आने दो दिल के दौरे शौरे!

पर अभी मेरी चिन्ता हार्ट अटैक नहीं थी, मॉरनिंग वॉक थी, जो रुकना नहीं चाह रही थी और कभी भी सब देखने लगेंगे। ऐन वही चीज जिससे बचने के लिए मैंने बाहर जाना छोड़ दिया था और अपनी ही सोसायटी में चलना शुरू कर दिया। मुँह अँधेरे, जब सोसायटीवाले अभी सोते हैं। और मैं नहीं दिखती। न उनको, न खुद को।

क्योंकि उन्हें दिखो तो खुद को भी दिख जाते हो!

सामनेवाला दिखा देता है हमें हमारी छवि! उसकी आँखों में आ जाता है कि लड़की तुम्हारा काजल बाढ़ हो गया, मैडम आपका ब्रा स्ट्रैप कहाँ भाग रहा है, और बाल हुए जाते हैं सफेदी की जय जयकार, और पेट तो कपड़ाफाड़ आजादी पर तुल गया, और वैसे ये किस ढब के कपड़े पहनती हैं आप, न जनाना, न मर्दाना, न पूरब, न पश्चिम!?

हँस भी लेती थी उनकी आँखों में अपनी तसवीर देख कर। किस खाँचे में डालें मुझे, वे समझ नहीं पा रहे, और अगर अपने अजूबेपन पर इतराती नहीं, तो भी बुरा तो नहीं ही लगता था मुझे। इन फाटकवालों का इधर-उधर खिसक जाना कि कैसे तो इसका अभिवादन करें!? गार्ड, प्लम्बर, बिजली चैप, धोबी, सारे के सारे जो हाउजिंग सोसायटी की मरम्मतबाजी को थे। न 'माता जी नमस्ते' बनता, न 'बहन जी नमस्ते' मुँह से निकलता, न ही 'गुड मॉरनिंग डॉक्टर साहिब' या 'सर जी' कह पाते, जो उनके लिए था जो आदमियों वाली नौकरी करने लगी हैं। पर लेखिका, अनजानी, और रंग-ढंग उलझट्टा!

मैं ही मजा लेने को आँखें मिला देती और वे ऐसे देखना चाहते कि जैसे मैं हूँ ही नहीं!

आज मैं हूँ गोल गोल!

बजरी पर जूते फटकारती मैं फिर वापस। मैं फिर आगे। लेफ्ट राइट लेफ्ट राइट।

कुछ कारें तो निकल गईं। बजे बजरी। हाँ ये जगह पिछले चक्कर में नहीं थी।

हेज के साथ-साथ।

बजे बजरी।

कोने पे इकलौता पेड़। सेमल। लाल-लाल फूल बरसाता है। मैं कुचलती हूँ। तुम गिराओ, मैं हर राउंड में कुचल दूँगी।

हेज से लगी मैं चल रही हूँ। गिलहरी भी बाउंडरी के तार पे। गिलहरी और मैं! चलते हुए। बढ़ते हुए।

अगले पेड़ तक। मुर्झल्ला आम। फफूँदी सा बौर। महक जरा-जरा। फिर हेज जिसे सब हरियाली कहते हैं।

अगला कोना। पीपल का पेड़। उसकी जड़ से फूटे हैं नए पत्ते और पुराना मन्दिर। उसके नीचे से फिर घूमो। वर्तुलाकार घुमाव।

फिर फाटक। मेरे बैरी ये दो पैर। मेरा चकरघिन्नी मन। मेरा बजरियाता तन।

तालियाँ रुक गईं। माने पूरी मंडली पहुँच ली। इमारतों के बीच से मैंने कनखी मारी। हाथ ऊपर। हरी ओम की गुहार अब होगी। हरी ओम हरी ओम।

अब मैं थकने वाली हूँ मुझे लगा।

अब लोग देखने वाले हैं यह भी।

लोगों का देखना मुझ सख्त नापसन्द है। अपना अक्स उबाऊ हो जाता है। उस ऊब से बचने के लिए भीड़ में खोने की मंशा उठती है। भीड़ में खोने के लिए साड़ी, शलवार कमीज, ऐसे सबके जैसे कपड़े डाट लेते हैं। डाट के सोचते हैं अब निश्चिन्त होकर किसी भी पार्क में जितना भी चाहो भ्रमण लगा सकते हो। सेहतअंगेज सैर कर सकते हो।

क्योंकि

सैर तो करनी ही थी। सब करते हैं। इसमें मैं सबके जैसी हूँ!

लिहाजा उम्र जो भी, लिंग जो भी, वर्ग जो भी, हर भेद जो भी, सबके सब करें वॉक। वॉक वॉक वॉक। कोई करे जॉगिंग, रीबॉक और नाइके में। दूसरा उठाए बाँहें सतर और मार्च अनन्त। कोई बनाए बाँहों को चप्पू, कोई बनाए चक्कू। कोई चले, रुके, सिर पे खड़ा हो जाए, फिर चल पड़े। पर चलें सब के सब।

मैं भी, अनुदिन, लगातार, बिला फेल, बिला रोक, कभी-कभी बिला रुक! हरी ओम हरी ओम की पुकार से लगभग ताल मिलाती। ऐसे जैसे

कभी नहीं रुकूँगी, चलती रहूँगी, सैर तन्द्रा में चली गई हूँ और चलती जा रही हूँ।

वैसे

मैं गजब की वॉकर हूँ। मगर जैसे लेखन में खुद को देखते हुए नहीं लिख सकती, यानी कोई देखता हो तो, उसी तरह चलना भी टूट जाता है अगर खुद को देखने लगो। यानी कोई देखने लगे।

चलना मेरे लिए जैसे लिखना।

जैसे मेडिटेशन। ध्यान। एकतान। वॉक-बिन्दु पर अन्तर्नेत्र फोकस। वॉक वॉक वॉक। बिन्दु केन्द्र। वॉक वॉक। बिन्दु गायब। बस वॉक। अन्दर बाहर बजरी की धुन। बन गए वही ध्वनि। बिसर गए गर्दिश में। ब्रह्मांड में समाहित।

मगर

मगर तब जब कोई देखे नहीं। वरना उकता जाओगे अपनी झलक से। थक जाओगे अपने अक्स से। कपड़े बदल डालोगे तो भी वह सामने होगा। आखिर ठोढ़ी का ढब और कन्धे मचान तो वही पुराने रहेंगे! लोग भी पुराने होंगे। हैरान, परेशान, नजर भोंकू, नजर भौंकू।

एलर्जी हो जाती है। किसी को अंडे से। किसी को धूल से। किसी को घूरे जाने से, जैसे मुझे। तब करना पड़ता है घेरे को छोटा और अब यहाँ ही चलती हूँ।

सुबह-सुबह। जब अँधेरा अभी पसरा पड़ा है। पहले कि उजाला दुनिया को नंगा करे और वह मुझे।

रुका जाए, मैंने सहज स्वर में खुद से कहा।

मानो मालूम नहीं कि बार-बार यही कोशिश तो कर रही हूँ! हरी ओम जाने कब से। कहीं दरवाजा कोई खड़का, किसी की कमीज का रंग चमका, और मेरी चाल मुस्तैद; आगे पीछे नजर खाली ओर मैं फिर, फिरफिरफिर,

रुक जा बायाँ पैर-थम जा दायाँ पैर।

जरा डगमग और फिर आगे!

अभी भी लेकिन मैं धीर ही थी। झट घबराने लगूँ ऐसी नहीं हूँ। धुकड़-पुकड़ को केचुआ मान भीतर अँधेरे में लुका देती हूँ और धीर

गम्भीर चलती जाती हूँ। बशर्ते कि उसके बारे में सोचूँ नहीं चूँकि सोचा नहीं–जैसा केचुआ चाह रहा था–कि वह सर्प बनके उछल आएगा। और मुझे पूछना पड़ेगा। कहीं है तो नहीं यह घबराने लायक स्थिति?

इसका जवाब मैंने मुल्तवी कर दिया था।

फाटक फिर आ गया और गार्ड मुझे देख बाअदब खड़ा हो गया।

वाह, लगातार सामने पड़ने ने मुझे सलाम पाने के काबिल बना दिया।

सलाम, मैंने सर हिलाया, वेग से आगे निकलने के पहले, पर, तभी समझ आ गया कि वह डे गार्ड से ड्यूटी बदलने उठा था, बस!

हरी ओम वाले हँसने लगे। हाथ ऊपर आकाश की तरफ उठा कर। गाल फुलाके, मुँह फाड़ के। पागलों की तरह। ठहाकों से सेहत बनाते।

हा हा हा हा हा!

हो हो हो हो हो!

हि हि हि हि हि!

हु हु हु हु हु!

मुझ पर नहीं।

न...हीं...?

मुझ पर तो नहीं!

इमारतों के बीच से उनकी हँसी मेरा पीछा करती। मैं रल्ला सी निकल जाती। एक कउवा साथ-साथ फुदकता चला। तू भी हँसता है? घूरता है? डरता नहीं। देख कउवे, तेरे देखने पे कोई गुरेज नहीं, मैं गोल-गोल चलूँगी।

लोग और निकलने लगे थे।

मैंने चेहरा सँभाला, पैरों को धिक्कारा, शर्ट नीचे खींची, हाँ घुस गई थी नितम्बों के बीच, गर्मी भी तो उठान पर थी, और मैं चलती रही। गोल पे गोल। हेज से सटी बजरी पे, मल्टी स्टोरी इमारतों के चारों ओर। सेमल से, आम से, पीपल से, फाटक से, सेमल से, आम से, पीपल से, फाटक से...। रेस करो तो सात मिनट का राउंड, सौम्य चलो तो दस, बुढ़ऊ बनो तो आधा घंटा तक। एक राउंड पाँच सौ कदम! दो हजार डग पूरे तो एक

मील पूरा। और सौ कैलोरी कम और दिल फेफड़े त्वचा की दमक ज्यादा, जरा कुछ तो, बुढ़ापा दूर सरक जाए, जरा मरा तो, उमर बढ़ ली, मिनट-दर-मिनट, और नींद हो गई गहरी, मीठी, घूम के लौट जाओ जब।

सब चंगा मानो, मैंने आतुरी दबाई, और चलती चलो, ठोढ़ी टाइट, कन्धे मचान, बाँहें मार्च ऑन, साँसें घमासान, पैर निर्दयी, पैर बेईमान।

और सुनो, किसी को क्या पता मैं कब से यहाँ हूँ? जो स्कूल बस पकड़ने निकली है उसने एक ही पलक तो देखा मुझे और गई। वे ऑफिस को चले, देखा, गए। अखबारवाले ने अपनी बाजीगरी आजमायी, देखा, और गया। जब जिसने देखा उसी पल मैं निकली हो सकती हूँ। घूमने। आपस में दरियाफ्त करेंगे कि तुमने कब देखा और हमने कब?

हाँ जी, मैंने तभी शुरू किया है जब आपने देखा!

इतना ही जरूरी बस, कि अपनी शुरुआत का चिट्ठा न खुलने दूँ। घंटों पहले—या और, मुझे क्या पता—का।

मन्दिर की बगल से निकली, अपनी टाँगों और अपने परिवेश से तारतम्य बने होने का भाव ओढ़े और बेधड़क घूमती रही।

गुड मॉरनिंग, कोई बुदबुदाया। मैं जोश से पास से निकली। आज सारा गोश्त-ए-थुलथुल झटक देने की ठानी है, ऐसे!

कुछ मैं भी बुदबुदाई पर हम अलग हो चुके थे। मैं सेमल के नीचे थी जहाँ से मुड़ना पड़ता है।

रुकने की कोशिश नहीं की। कहीं वह देख रहा हो मुड़ कर? शर्ट खींची, फिर तो नहीं अन्दर? लुढ़कती चली।

जैसे कंकड़।

चोर निगाह इधर-उधर। आगे बढ़ो लेफ्ट-राइट। अगला मोड़ यानी अगला पेड़ आम का मिरगिल्ला। तीव्र घुमाव धीमा चलो। मुड़ने का टाइम यानी रुकने का टाइम यानी कोशिश का टाइम यानी बेमुरौव्वत इन टाँगों से उम्मीद करने का टाइम यानी कोशिश तो की, धीरे भी हुई, रुकी पर नहीं। चुन्नी सी फड़फड़ा के आगे।

मैं कंकड़, मैं चुन्नी, चकरघिन्नी, फिरती गोल-गोल सोसायटी के भीतर और अबक्याकरूँ?

इतना साफ हो चुका था कि जिसे मैं रुकती गति समझना चाह रही थी वह था बदन का मोड़ पर डुगडुगाना कि बजरी के संग-संग घूम लूँ वरना जा लड़ूँगी तने से या फाटक से या खम्भे से।

यह मगर मैं जानती हूँ कि कोशिश मैं किए जा रही थी और वो कोशिश यह भी थी कि सर्प केचुआ बना चुपका रहे और चेहरा मेरा शान्त रहे। एक ब्लाक की लेखिका, तन्दुरुस्त, फुर्तीली, तन्दुरुस्ती और फुर्ती बरकरार रखने मॉरिनंग वॉक में पिली हुई और इसमें अजीब क्या है?

इसमेंअजीबक्याजनाब?

मतलब मामला सन्तुलन का। सन्तुलन बरतने का। सन्तुलन दरसाने का। रुकने की नाकाम कवायद और सर्राटे से चलते पैरों के बीच सहजपन की डोर खींचने का।

कि सहज और बामकसद है ये होना–लट्टू, धूमकेतु, औरत।

सहज ये घूमना। सहज ये स्पिन।

हाय कि जो कर रहे हैं उसमें सहज रहें।

सहज दिखें।

सहज महसूसें।

सहज हो जाए तेरी आँखों में छवि मेरी।

सहज है ये, का प्रस्ताव रखें नया, और यू. एन. उसे मन्जूर कर दे।

थका देती है यह सहजपन की चाह।

मैं थकने लगी थी। तन में कम, मन में अधिक।

प्रश्न यह भी कि कितना वजन आज ही छिजाना है और चाहती भी हूँ मैं ऐसा वाह वाह फिगर?

हाय, सुस्ता लेने दो मुझे जमाने की भीड़ में छिप कर, मेरी थकी आत्मा की पुकार।

हँसना बन्द हो गया। अब योग शुरू था। फ्लैटों के बीच से मैंने देखा। जैसे एनिमेशन फिल्म। टुकड़ा-टुकड़ा जुड़ के बनती। अब नाव। अब मछली। अब साँप।

एक बूढ़ा आदमी, लाठी टेकता, कमर पे दोहरा झुका हुआ।

लाठी रखी।

सुस्ताया।

खड़ा हो गया।

टेढ़ा बकरा मगर सीधा।

रीढ़ लहरिया मगर सीधी।

सिर आकाश को, पाँव धरती पे।

मैं हैरान।

इधर वर्जिश, उधर वर्जिश।

मैं हैरान।

एक औरत कौन सा जानवर बनी है?

उकड़ूँ बैठी।

टाँगें उलटाए।

उलझाए।

पाँव कान पे, सिर पाँवों के बीच।

हथेलियों पर टिक के झूल रही है।

अगले राउंड में देखा वह जॉगिंग सूट में।

अगला राउंड, कहाँ गई?

अगला राउंड, झाड़ के पीछे जॉगिंग सूट तहा रही है।

अगला राउंड, गार्ड की ड्रेस में।

अगला राउंड, कहीं आदमी तो नहीं?

अगला राउंड, तो क्या हमारी सोसायटी ने औरत गार्ड रख ली है?

अगला राउंड, तो क्या मैं सोचती हूँ मैं ही इस जमाने की औरत जो अलग कुछ करने लगी?

अगला राउंड, अपनी याद आ गई क्योंकि कब तक न आती कि पैर हमारे हावी हैं और बछेड़ीपन के चक्कर हैं। थकान लौट आई, दर्द भी और अनचाही नजरें भी।

बिलाशक अब नजरें बढ़ गई थीं। मेरी छवि उनमें पुरानी पहचानी। हैरत उनमें स्थायी कि ये कौन क्या किस चौखटे में फिट? डे गार्ड झेंप के अलग मुड़ जाता मेरे फिर-फिर फाटक पे प्रकट होने पर।

लोग भी वे आ गए थे जो दिन भर ठहरेंगे—प्रेसवाला, सब्जीवाला, फलवाला, गेट के बाहर। अब यह इत्मीनान कैसे करूँ कि एक बार देखेंगे और चले जाएँगे बिना ये जाने कि कब से और कब तक यही रील चल रही है।

आपस में कानाफूसी भी करने लगे हों वरना ये कामवालियाँ घरों में घुस के उनकी बाल्कोनी पर 'नमस्ते मैडम' करने आज तक तो झाँकी नहीं! औरतें भी औरतों के संग अपना कुरेदूपन नहीं छिपा पातीं!

बहरहाल मैं कर ही क्या सकती थी सिवाय गोल-गोल चक्कर मारने के? क्या मैं सब कुछ कर चुकी थी—दूर पार्क के बड़े घरों से लेकर उससे छोटे, फिर और छोटे, फिर पास और पास के घेरे में, और वापस उसी बिन्दु पर पहुँच गई जहाँ से भागी थी? वहीं राउंड राउंड।

एक वादा मैंने तब किया। कि यह जोखिम अब नहीं उठाने की। बहुत कर ली राउंड राउंड सैर। करना है तो फ्लैट में करूँगी, छोटा है तो क्या? दस चक्कर यहाँ जुड़ के कुछ बनते हैं तो पचास वहाँ।

अच्छा सौ।

चलो दो सौ।

जितने भी करूँगी, वहीं करूँगी, अपनी दीवारों की हिफाजत में।

और पाऊँ कि वहाँ भी रुक नहीं पा रही तो मार तो सकूँगी अपनी काया को जोर से दीवार में या सोफे में या अपनी मेज पे और खुशी से 'सिर फटने दूँगी' और बहने दूँगी खून उस जगह जहाँ मैं लिखना प्रिफर करती हूँ और लहूलुहान मौत में घुस जाऊँगी, अकेली, निश्चिन्त।

यहाँ इतना भी हक नहीं मुझे । कि तने में, दीवार में, गेट से, लड़ जाऊँ, किसी तरह झटके से घूमने पे। ओमाईगॉड मैंने कल्पना की, कैसे हँसी मंडली योगा शोगा छोड़ मेरी तरफ दौड़ पड़ेगी और कितनी सारी आँखें एक संग मुझ पर झुक मुझे घूरेंगी और मेरा खून किधर, कैसे, बह रहा होगा और मेरे कपड़े और मेरी खाल और मेरा जबड़ा न जाने कैसे घुचे मुचे फटे? क्या मालूम मैं बच्ची की तरह सुबकने लगूँ?

नो, नहीं, मैं पब्लिक में नहीं रो सकती।

नहीं, नो, मैंने अपने को फटकार पिलाई, आँखों में उमड़ते आँसुओं पर। बिल्कुल नहीं पता था मुझे कि मैं कब से घूम रही हूँ पर स्पीड मेरी

हवाई जहाज और ओमाईगॉड मैं थक गई थी, जिस एहसास पर आँसू फिर उमड़ने को हो गए।

लोग थे कि जो शुरू किया था, पूरा करके उठ पा रहे थे। हँसी, योग, सब पूरे हुए, गाड़ियाँ भी बैक हुईं, निकल गईं। मैं ही—न बैक, न ब्रेक।

कार पार्क बल्कि अब पार्क था, भले ही बजरी का। खाली-खाली।

मेरे जूते उस पर बजते।

बिना व्यवधान और घोर संकल्प से, लग सकता है, मैं चलती रही।

हरी ओम मंडली उर्फ हँसी मंडली उर्फ योग मंडली अब रामनाम कर रही थी। मेरी हर झलक पे वे चीखते राम नाम एक, राम नाम दो।

राम नाम तीन।

राम नाम चार।

मैं गोल गोल।

राम नाम सत।

राम नाम सत।

मेरे कानों को लगा।

तब वह उछला, फन उठा के, केचुए से साँप बन के? मेरे अँधेरों से निकल के, और सटाक मेरे चेहरे पर फैल गया फुफकारता—ये हो क्या रहा है? इसका अन्त होगा क्या? इसका अन्त होगा?

या मेरी जैसी औरतें बस शुरू करती हैं, फिर चलती रहती हैं गोल गोल गोल गोल! बड़े घेरे से छोटे से छोटे...

चूर चूर।

जैसा कि कोई भी मेरी दशा में होगा। चल रही हैं सुबह से, पौ फटने के पहले से, मटमैले उजाले की बढ़त में।

सुबह से अब तक कितने घंटे हो गए होंगे, मैंने सवाल किया?

जिस पर सवालों का अम्बार लग गया। कि क्या सिर्फ सुबह से? कहीं कल शाम से? या कल सुबह से, या परसों से?

अब मैंने याद करना चाहा कि सैर पर निकलने से पहले क्या किया तो शायद अनुमान लगे कि किस टाइम—दिन?—से निकली हूँ पर सहसा जो क्रियाएँ याद आईं वे आम थीं और उनका अलग कोई समय नहीं होता,

विशिष्ट कोई पहचान नहीं होती। कि चाय पी, सोई, ब्रा पहना, हाजमे की गोली ली, त्रिफला पानी में घोल कर पिया। सवाल फिर भी कि ये नितक्रम आज किए कि कल कि और पहले? हथेली मुँह के आगे रखी, चलते हुए, और 'हाह' करके साँस छोड़ी और उसे नाक की तरफ फूँका कि मंजन सूँघ पाऊँ, कितना ताजा है, अन्दाजू?

निबट ली, पेट पर हाथ रखा? हल्का है कि भारी? और सू सू? ब्लैडर कहाँ है, हाथों से खोजा?

जो अच्छी सूझ नहीं थी, क्योंकि सू सू अभी ही किया हो तो भी वह याद करते ही फिर आ जाती है! सू सू, जम्हाई, अलादीन का जिन!

अब क्या, चक्कर काटते-काटते पूछने लगी, इस सूसूलगीहै को मैं कहाँ बिठाऊँ?

बेवकूफीप्रद बात से बेहतर कुछ नहीं किसी ट्रेजेडी को मुकम्मल बनाने के लिए। दर्द का लिबास बार-बार जोकराना होता है। नब्बे बरस की बुढ़िया अपनी नातिन की शादी के लिए तैयार हो रही है और झुर्रियों की लड़ियाँ पहने अपनी गरदन पर बहू-बेटियों के हार ट्राई ऑन कर रही है, ये पहनूँ कि ये, जैसे उसके गले को निहारने बरात आएगी! आखिरी साँसें गिनता मरीज रेडियो थेरपी में ढेर हो रहा है पर जिद ये कि अलग रंग और डिजाइन की टोपियाँ लाओ, जो फबेगी वह मेरे बाल उड़े सिर को चाहिए। और हम, जो निकले इस दिन घूमने और घूमे ही जा रहे हैं और सू सू भी आ रही है!

ऐसी करुणा महिला वर्ग के प्रति कभी जो पहले मुझमें भरी हो! वॉक और ज्वारभाटा सी उफनती दबती लहर। काश कि बूँद-बूँद चुआती बढ़ सकती इस विद्रोही सैर में!

आदमी भी, मुझे पता है, इस चपेट में मुश्किल में होता। पर यह भी हो सकता है कि आदमी होती तो इस स्थिति में ही न होती? नहीं, सच्ची! बार-बार हालात के फेर में निकल न जाना पड़ता। निकल के घूरती नजरों से मुकाबला न करना पड़ता। चूँकि किस आदमी का ब्रा स्ट्रैप झाँकता है या ऐसा कुछ? उस पार्क से, इससे, पास, न लौटना पड़ता। अँधेरे पल, लुके कोने, ढूँढने न पड़ते, जो करना था उसे करने। जो करना था वही करना न पड़ता!

टट्टी पेशाब से मात खाई औरतों से ढेरों हमदर्दी के संग मैं चलती रही। मेरी मॉरिनिंग वॉक में नया रुख आया, कह सकते हैं। कहाँ दबा के रख लेती हैं जब इस तरह दिन और लोगों के उजाले में होती हैं हम सब?

यह तक सूझ उठा मुझे, चलते-चलते,—अब इसे दोहराने की जरूरत क्या?-कि मान लो देवी सीता पर भी यही मुसीबत आन पड़ी हो? लग आई और जाना था? जब किस्सा चरम पे था? पति बूँद-बूँद बेइज्जती कर रहे थे?

दुख, जलालत, तिरसकार की गरिमामय लपेट भी जोकराना! हिन्दू देवी, हिन्दू नारी, पतिव्रता, सेवारत, हाथ जोड़े खड़ी है, चेहरा अपमान में नहाया हुआ, माँ जननी फट पड़ो, मुझे, मेरी लज्जा के साथ, छुपा लो। वह नीचे गईं मगर ऊपर हो गईं, राम ऊपर थे मगर नीचे गिर गए!

पर

उस अभिमानी पल में उन्हें मेरी तरह लग आई होती? लज्जा बढ़ न जाती? विनती और विनीत न हो जाती?

फिर भी वे खुशनसीब कि छिप पाईं महान आत्मसम्मान के मुलम्मे में।

मगर मैं? क्या गरूर माथे पर पोतूँ, उजली धूप में जोकराना गति से गोल-गोल चलती और ब्लैडर को बन्द रहे...बन्द रह...काबू...काबू...।

पैन्ट नीचे करके कूदूँ? क्योंकि कूदना तो पड़ेगा, मेंढक की तरह, क्योंकि पैर ये खुदगर्ज, दया धर्म दिखाने से रहे, एक पल अवकाश भी न देंगे?

तो फिर एक ही बात हो सकती थी...पर कैसे कहूँ...नहीं, नहीं कह सकती...नहीं...अपने से भी नहीं...कान बन्द... ।...!

बस चलते-चलते चलती रही और पल-पल और गरम होते सूरज ने बाकी जो करना था किया।

हाँ, सूरज उरूज पे था और धूप बढ़ गई थी। लोग मगर घट गए थे। शुक्र है! क्योंकि अप्रैल की दोपहरों में कोई, कब तक, बाहर रहेगा? वही जिसके पास कोई चारा न होगा! गेटवाले भी छायेदार सायों में बचे खुचे हो गए। धोबी, दुकानदार, सब। माली ने तय कर लिया कि लॉन, बाग, सारे की निराई, गुड़ाई, पानी हो चुके, अब सो लो। सुबहवाला व्यस्त वेग नहीं रहा।

मुझमें छोड़कर! या मेरे पैरों में। जो ड्यूटी की तरह कायम थे। ड्यूटी में निर्लज्ज, मेरे संकोच पे हिकारती। चलते रहे, चलाते रहे।

पैरों की क्या कहूँ जब वे मेरे होकर भी मेरे नहीं, पर मैं (वैसे अब सोचती हूँ कहाँ हूँ मैं, पैरों में नहीं, दिल में, माथे में, पेट में, पैरों में तो नहीं?) शिद्दत से महसूस करती हूँ जो भी मैं महसूस करती हूँ। गर्मी का खयाल आ गया तो ढेरों गर्मी लगने लगी।

सम्भव है, क्यों नहीं, कि दिन चढ़ने का नतीजा था। महीना ग्रीष्म का, वक्त दोपहर का। घड़ी और कैलंडर तो बाँधे नहीं थी पर कयास लगा सकती थी।

कहाँ चलूँ कि साया मिले? तीन पेड़ बाउंडरी पे! कोनों पर, जहाँ घुमाव आता था। कोशिश करने लगी कि पेड़ से पेड़ तक रेस करती जाऊँ (जो वैसे भी कर रही थी) नंगी हेज के संग संग, और पेड़ों के नीचे धीमी हो जाऊँ (जो वैसे भी होती थी)।

मैं साये से साये तक फाँदने लगी। जैसे जलती रेत पर एक परछाँई से दूसरी तक कूदते जाया जाता है। बीच के दरमियान को लगभग, पाँव बिना नीचे धरे, लाँघते!

क्या मैं उड़ती सी दीख रही थी? पेड़ से पेड़ से पेड़ तक?

पेड़ से पेड़ से पेड़ बस देखो और बीच की तचन मिटा दो तो तीन पेड़ क्या जंगल बन जाते हैं?

इस तरह चल रही थी मैं उस निष्ठुर अप्रैल के दिन, अपनी शुरुआत याद करने में असमर्थ और अपने अन्त को पकड़ पाने में भी। तेज धूप में जलती, बचती, जलती...।

प्यास लगने लगी। पाइप दिखने लगा। या पाइप दिखने लगा और प्यास लगने लगी।

माली महोदय गमछा मुँह पर ओढ़े सो रहे थे, पाइप गमले के पास क्यारी में चलता छोड़! बिल्डिंग के बीच। मुझसे दूर मगर पास। मेरे पास फिर भी दूर।

हर बार दिखता। प्यास बढ़ाता।

तब मैं इस अभ्यास में लगी कि पाइप जहाँ था उस ओपनिंग पर गुजरते हुए दायाँ पाँव जरा और दाएँ फटक दूँ, नीचे रखने के पहले। नौकरी पहले मिल गई, हुनर बाद में सीखा! तो क्या? निरे ऐसे। डॉक्टर, इन्जीनियर, ड्राइवर, दो चार को मारा, कुछेक पुल गिराए, गाड़ियाँ फोड़ीं और सीख गए!

मैं भी करते करते कर गई।

पहले पाँव फटका।

फिर पाइप को किक मारा। अपनी तरफ गिराया।

गमले पर फेंका।

फिर दाहिने को झुक, चुल्लू में पानी उठा लिया।

उठा भी लिया, कुछ पी भी लिया।

एक्वागार्ड और आर ओ का पानी नहीं था वह, पर इन मौकों पर ऐसी बातों की दरकार नहीं होती।

वैसे, सच बताना है तो, पीपल के नीचे उगे मन्दिर में चढ़े परशाद के टुकड़े, गरी और चना और इलायचीदाना, भी मैंने ऐसे ही उठा लिए। गिलहरी, चिड़िया, चींटी से गई बीती तो नहीं, हमारी भी इक जान है चारा माँगती!

जरा झुकी,
जरा और
हर राउंड में जरा और
और चील झपट्टा लग गया
और मैं गिर के तमाशा भी नहीं बनी।
फिर सतर और लेफ्ट राइट लेफ्ट राइट।

बाद में पूछने वाली थी कि कब मैंने खाया और कब पिया, उसी रोज या अगले रोज या उसके भी बाद, मगर वक्त पहली चीज थी जो मैंने गँवाई उस अजीब घड़ी में, जब भी वह थी, और इसलिए मैं बता न पाऊँगी।

फिर जलते सूरज की आदत पड़ गई। न दहकान थी, न पसीना।

या सूरज ही शीतल हो चला था।

इस पर जरूर मेरा ध्यान गया कि स्कूल के बच्चे लौट रहे हैं और अन्दर जाकर अपनी माताओं को लेकर अपने बरामदे बाल्कोनी पर आकर मेरी तरफ इशारे मार रहे हैं। स्पष्ट नहीं, फिर भी। पता तो लग ही जाता है।

शायद...?

हाँ शायद उन्होंने ही, औरतों और बच्चों ने, काम से लौटे आदमियों को खबर दी कि लगता है कोई औरत सुबह से वॉक कर रही है। या कब से? और लोग बाल्कोनी पर जमा होने लगे और शाम की लाली में खड़े मुझे देखने लगे। यह जतलाते कि थक के लौटे हैं काम-काज, ट्रैफिक के बाद और अब पना, चाय, लस्सी, रूहअफजा पीने क्यों न निकलें अपनी ही बाल्कोनी पर, चाहे हो या न हो कोई बावली जो मैराथन ढंग से गोल पर गोल पर गोल चक्कर काट रही है?

सबने देखा—एक ही पल में नहीं जैसा बता चुकी हूँ पर जब जिसके आगे मैं पाँव पटकती पड़ जाती—और बिना बूझे नजर हटा ली।

या क्या मालूम मैं ही देख रही थी और वे सब वही कर रहे थे जो हर रोज करते हैं? बेशक किसी ने मुझे रोका नहीं, कूद के मेरी राह में, जबरन कन्धे बाँहें खींच के मेरा पाँव रस्सी में फँसा के मुझे गिराया नहीं, ना ही जाल फेंक कर उसमें मुझे जकड़ दिया। मैं आजाद थी बशर्ते उनकी राह में व्यवधान न बनूँ। जो मैं नहीं बनी, थोड़ा बाएँ, थोड़ा दाएँ, झुकने बलखने में माहिर, बिना उन्हें या उनकी गाड़ियों को ठोकर मारती, चलती हुई।

लेकिन ये भी तो हो सकता है कि समझ नहीं पा रहे थे कैसे मुझे मना करें? उन्हीं सब की तरह जो अभिवादन करने से कतराते थे कि क्या कहें? क्या मालूम ये मन ही मन कुढ़ रहे हों पर कैसे तो मुझे हाथ लगाएँ? गार्ड से कहें? पुलिस से कहें? पुलिस वुमैन से कहें?

इस पर तो मैं मर ही गई। बिना मरे यानी! बस पानी पानी। इस कदर खुराफाती लगती हुई। मुझे पता था, मेरा रोंआ-रोंआ जान रहा था कि मेरा अनजाना ढंग उन्हें परेशान कर रहा है। नाहक चर्चा होगा। मखौल बनेगा। उनकी हाउजिंग सोसायटी को लेकर फब्तियाँ कसी जाएँगी। प्रेसवाले भी

कैमरे शैमरे लेकर पहुँचेंगे। कोई समझ नहीं पाएगा कि मुझे कैसे रोकें—ये भी नहीं कि मैं खुद भी नहीं जानती—पर इतना ज्यादा मंच पर होना सबको खलेगा। बहू बेटियोंवाले। ऐरे गैरे पहुँचेंगे मेरा नाटक देखने के बहाने उनके घरों में ताक-झाँक करने। बच्चे अलग पढ़ाई-लिखाई छोड़ बाल्कोनी पर भागे जाएँगे—अब क्या कर रही है, रुकी या अभी भी चल रही है? जो चिन्ता की बात होगी आज के कॉम्पटिशन के जमाने में और घटती नौकरियों की दुनिया में। इसका खेल है क्या, सब सोचेंगे? कौन सा नारीवादी शगूफा अब खिला रही है? जोर से प्रतिवाद करने से इसलिए भी वे डरेंगे कि क्या पता ये नारी आन्दोलनवालों को जमा कर दे उनके दर पे धरना देने?

ओह ओह मैं अपराधबोध से भरने लगी और सोचने लगी पूरी ईमानदारी के साथ कह दूँ, सच उगल दूँ, और चिरौरी करूँ कि तमाचा लगा के पहले मुझे गिरा दो, फिर धर दबोचो और हिलने न दो।

मेरी आत्मा पर इतना बोझ और फिर भी चक्कर काटे जा रही हूँ।

क्रान्ति होगी कोई, इन सिरफिरी औरतों की, बड़बड़ा रहे होंगे।

मुझे समझाना पड़ेगा। मुझे विनती करनी पड़ेगी। कि समझें। उनकी बहुत बातें हैं जिनसे मैं सहमत नहीं, पर इस दफे मैं दूसरी तरफ नहीं हूँ, उन्हीं की साइड पर हूँ और जैसा कहते हैं अबला नारी हूँ, किस्मत की मारी हूँ, हारी हुई कहानी हूँ, अलबत्ता कुछ नए घुमाव के साथ!

ऐसे नहीं चल सकता।

मतलब ऐसे नहीं चल सकती।

मुझे बिना लाग लपेट पूरा खुलासा करना होगा। माफी माँगनी होगी, जो मैं ऐसी हूँ, जैसी हो गई हूँ। मेरे तन मन आत्मा इस निराले गोलमेल में!

मैंने कातर नजर उठाई, अपनी चाल में नेक इरादा डाल उससे ताल मिलाई और बढ़ी, कि जो दिख जाए उसी को समझाऊँ।

धुर सामने, फाटक पर, चिट्ठियों की गड्डी फेंटते इन्जीनियर साहब।

"हैलो" मैंने मुँह खोला, उनके करीब आते हुए, "सुनिए टुक !"

पर वे गार्ड को कस के डाँट पिलाकर सर उठा के निकल गए।

गार्ड ने भी अनदेखा किया, जरूर चिढ़ के, कि मैंने उसको फटकार पाते देख लिया।

अब किससे, मैं चलती चली, दोनों तरफ चौकन्नी देखती? सोसायटी का प्रेजिडेंट दिखा, माली को डाँटता कि झाड़ें क्यों छाँटीं और डालें क्यों ट्रिम की? आपकी तो सातवीं मंजिला शान, दूसरे कहते, ऊपर से हरियाली सराहो, पर हम तो नीचे जहाँ कीड़े-मकोड़े, मच्छर, शायद साँप भी, निकलते हैं, तो काट दो।

छाँटो, न छाँटो, के बीच माली रूठा खड़ा था और प्रेजिडेंट उर्फ रिटायर्ड आई. जी. ऐसे जैसे हाथ में पुलिस का डंडा अभी भी!

पर यह पल गरूर दिखाने का नही है, मैंने तय किया।

"मिस्टर आई. जी." मैंने शुरू किया।

वे मुझसे कुछ गज की दूरी पर, उसी राह पर जिसकी मैं खाक छान रही थी।

"मिस्टर प्रेजिडेंट" मैंने हाथ सलूट में उठाया। थोड़ा पहले से ही चालू, क्योंकि उनके पार निकल गई और अपनी बात पूरी न कह पाई तो क्या आगे बजरी को सुनाती निकलूँगी? आई. जी. साहब मेरे संग-संग बाअदब दौड़ने नहीं वाले कि मैं अपनी दो टका बात पूरी कर सकूँ!

पर जैसी मेरी उनसे अपेक्षा भी थी, जनाब ने सरसरी निगाह मुझ पर फेरी और कि-त-ने मगरूर ढंग से मुँह उधर, हाथ से हवा में यों वार करते कि मक्खी उड़ा रहे हों।

उफ्फ, तमाचा लगाना चाहिए, मैंने बेबस चलते सोचा। ये सामन्ती टुकड़े किसी युग के, अंग्रेजों की औलाद, फासिस्ट जल्लाद।

मुझे मगर जरूरी काम है, तमाचों, तानाशाहों, पर गौर करने का ये समय नहीं।

समय होता तो अपनी मंशा पर शक कर लेती शायद। अपने को यह बता लेना कि इन हैरतमंद, परेशान, चकित जनता, बच्चों, की खैरख्वाही में तैयार हो गई हूँ कि मुझे शिकार मान लो और पकड़ लो, ना कि यह मेरी आखिरी उम्मीद थी कि रुक पाऊँ उस अजीबोगरीब दिन की उस अजीबोगरीब गश्त में।

पर जब पूरे जहान को यह बीमारी है तो मुझे अलग कर के क्यों देखा जाए कि करते हैं जो करते हैं खुद के लिए मगर मानते हैं परहित के लिए, कि यह तो संवेदना और भलमनसाहत हमारी!

मैंने फिर कहने की कोशिश की। फिर और फिर। जो रास्ते में या पास में दिख जाए उसी से।

माफ करिएगा.../

सुनिए...

प्लीज...

हे...

एक्स्क्यूज मी...मैं...नहीं...मगर...

हर बार नाकामयाब।

मेरे चलते-चलते सूरज डूब गया और इलैक्ट्रिक बल्ब जल उठे। उन पर अँधेरा लहरा रहा था और मैं चक्कर काट रही थी और अपनी सुनवाई की चेष्टा किए जा रही थी। सोसायटी के एक-एक बाशिन्दे से।

बदतमीजी से, लापरवाही से, सब ऐसे पलट जाते अलग, कि मैं कुछ भी नहीं।

तब तक शाम गहरा चुकी थी और फ्लैट लैम्प की तरह जल उठे थे।

आठ बजे होंगे, मैंने अनुमान लगाया, जब आरती का मजमा निकलने लगा। हर राउंड में पीपल के नीचे थोड़े और लोग आ जाते। इसी सोसायटी के पांडे पुरोहित आ गए। और औरतें दीया जला के पूजा करने लगीं और सभी भक्ति में एकजुट हो गए।

मैं झेंपी झेंपी निकली, कई-कई बार, इस अड़ में पक्की कि इतनों में एक से तो कह ही दूँगी। भजन प्रार्थनावालों में दया की कमी न होगी। अरज ही तो सुना रहे थे। मेरी भी अरज सुन लो।

बार-बार आ जाती, झेंप से अलग देखती, धार्मिक सौहार्द से शीष झुकाती, आँखें मिलाने के फेर में आँख मिलाती।

यह आखिरी मौका न फिसल जाए हाथ से, हर चक्कर में और विकल हो रही थी। तो मैंने हर बार, मन्दिर की बगल से परेड मारने के दौरान, सम्पर्क की कड़ी अभी से बनानी शुरू कर दी। हर बार सिर अतिरिक्त जोरों

से हिलाया और जिससे आँख मिल गई उसकी तरफ पूरी-पूरी मिन्नत आरजू से देखा। आँखों से याचना करती कि प्लीज...अरज...सुनो...मेरी...पूजा के उपरान्त हाँ हाँ, एक तरफ रुकी हूँ, मतलब ठिठक के नहीं, चलते हुए ही रुकी हूँ और ठिठक के क्यों नहीं वही तो...अरज...सुनो...मेरी..., एक राउंड लगा कर आती हूँ फिर बताती हूँ, अधूरी बात अगली किस्त में, अगला राउंड अभी आई, भूलना नहीं, पूजा के बाद इधर मुखातिब होना, जब फुरसत हो जाएगी, और सुनना और पकड़ लेना मुझे और रोक देना और बाँध देना।

कृपया...। एक।

मेहरबानी...। दो।

प्लीज...। तीन।

विवश...। चार।

आरती के बीज घूम-घूम के मैं अपनी प्रार्थना कर रही थी।

अब, मैंने कहा, एट लास्ट, जब भीड़ हटने लगी।

सुनिए...।

ये जो हो रहा है...

तय करके नहीं...

न कोई षड्यन्त्र...

सुनिए तो सही...

भीड़ और छँटी। मुझसे, मुझ पर गुजरती से बेजार, बेखबर, अन्धे, बहरे, गूँगे।

"हे," मैंने आवाज लगाई।

"आप मुझे खास पसन्द न करते हों तो भी," मैं बिलबिलाई।

"ओके, आप मुझे नापसन्द करते हों तो भी।" मैं चिल्लाई।

"नफरत करते हों तो भी क्या?" मैं गरज पड़ी।

कोई सुन नहीं रहा था।

आरती की थाली तक मेरे धुर आगे से यों ले जा रहे थे जैसे अगरबत्ती का धुआँ, आरती, आचमन, कुछ मुझे नहीं मिलना चाहिए। धर्म और क्रूरता, करारा कुछ उस पर मैं उनके मुँह पे कह सकती थी। पर कहने की

तो कुछ और कोशिश कर रही थी। और कर इतना ही पा रही थी कि अर्ज बनी उनके बीच से निकल जाती हर बार, पर सुनो यह मेरे बावजूद है, चिल्लाती।

और वे मेरी बगल से निकले चले जा रहे थे, निकलते ही जा रहे थे। जैसे मैं वहाँ थी ही नहीं। जैसे मैं सूखा तिनका हूँ हवा में बेआवाज सरकता जिसे देखने की जरूरत नहीं। सच्ची, वे बेझिझक अपने-अपने फ्लैट में लौट गए और कोई-कोई तो मजा लूटने बाल्कोनी में भी आ बैठे, व्हिस्की, जिन, रम, बर्फ पे उँडेल के और पकौड़े शकौड़े खाते रहे एकदम बेपरवाह कि ठीक उनकी नाक के नीचे एक बेचारी औरत फँस गई है, थक गई है, अकेली पड़ गई है, सहारा चाह सकती है।

कोई सन्देह नहीं कि किसी ने दिखावा करना भी लाजमी नहीं समझा कि मुझे रोकने की कोशिश कर रहे हैं। मुझे मेरी सनक में कुदकने छोड़ दिया। वे पीते रहें, खाते रहें, उनके माल असबाब सलामत रहें तो परेशानी क्या और किसकी? बस उनकी राह में रोड़ा न बनो।

सो तो मैं कहाँ थी, उनके सामां से अलग, दाएँ-बाएँ होते हुए चलने में मेरा कोई सानी नहीं।

सिर्फ सेमल ने कोई भेदभाव नहीं किया और मुझ पर और बाकी सोसायटी पर अपने नर्म-नर्म फाये गिराने लगा। एक मेरे कन्धे पर फिसला, एक मेरी नाक पर टिक गया।

इति

मौत को लेकर हम आतंकित थे कि जब वह आदमी मरेगा तो यह सारी झंझट होगी कि क्या कहाँ कैसे कब। टुकड़े अस्त-व्यस्त बिखरे। मौत के सारे अनजानपन को देखते हुए। उनके सारे टूटे-फूटेपन को देखते हुए। उनके, हमारे बाप के। और यह भी उलझा मसला कि कौन कहेगा, किससे, कैसे, उन सारी 'दुश्मनियों' के रहते, मेरी भाई से, पति की बहन से, भाभी की जीजा से, माँ की सब बहुओं दामादों से, जिनके चलते हमारा आपस में आना-जाना बन्द था। बरसों से। एक दूसरे की झुर्रियाती शक्लों को लगभग न पहचानने की नौबत तक, जब भूले और भटके कहीं सामना हो जाता, दुकान पे, रेस्त्रां में, कभी ट्रैफिक की लाल बत्ती पर खड़े।

बरसों से। हमने एक दूसरे को नहीं देखा था। महान भारतीय परिवार। घनिष्ठ, अंतरंग, संयुक्त। देखा था सबको बुढ़ाते किसी ने तो अकेले पिताजी ने ही जिन्हें इसे या उसे या किसी को भी देखने से आपत्ति नहीं थी और जो इसकी या उसकी या किसी की भी देखभाल में रहने हमारी मोटर गाड़ियों में ड्राइवर के साथ टटके चले जाते।

हाँ ऐसा हो सकता तो वह खुद हमें अपनी मौत की खबर दे सकते थे पर ऐसा तो होता नहीं। हमारे ड्राइवरजन भी दे सकते थे। जरूरत पड़ने पर।

हुआ ये कि ऐसी जरूरत ही नहीं पड़ी। सब अपने आप होता चला गया। जैसे एक सलीके का झटका दिया हो और कालीन सफाई से बिछता चला जाए। जैसे बखूब रिहर्सल के बाद सधा-सधाया नाटक खेला जाए। जैसे बिखरे टुकड़े जुड़ते चले जाएँ और पूरा सिलसिलेवार चित्र उभर आए।

पिता बहन के यहाँ थे जिससे मेरी कुट्टी नहीं थी, जिसके संग माँ रहने को राजी थीं क्योंकि दामाद जी दौरे पर गए हुए थे। और माँ की पूँछ की तरह पिता जी, पीछे-पीछे, उन घरों में जहाँ बहू दामाद लापता हों!

सारे दिन वे अपने जैसे ही रहे। फूहड़। बेढब। घिसट-घिसट इस कमरे से उस, अपनी रबड़ चप्पलों में पाँव आधा धँसाये, आधा लटकाए, और पजामे को बार-बार हाथों से ऊपर सँभालते, बार-बार उसके अधखुले नारे की पूरा खुल जाने की जिद को पछाड़ते। खट-खट उन्होंने बहन के कमरे के बाहर मचा दी जब अभी अँधेरा ही था और मचाए रखी जब तक उसने सोने का नाटक बन्द न कर दिया और झल्ला के दरवाजा न खोल दिया।

घर भर की बत्तियाँ जगमग-जगमग।

है क्या, उसने फटकारा। सवेरा, वे बोले, और चाय चाहिए। रात है, देख नहीं रहे अँधेरा, उसने और डाँट लगाई। उजाला है, उन्होंने इशारे से दिवाली-या घर दिखाया, और तीन बज गया जो सवेरा है। जाइए, सो जाइए, उसने झाड़ा, और किसी को मत जगाइए और कोई बत्ती नहीं जलाइए सात के पहले।

भले घर का कोई उसके पहले नहीं उठता, उसने आखिरी मारा। वह जुमला जो हम उन पर अक्सर मारते, उनकी वृद्ध कुलाचों पर। वह जुमला जो उन्हीं की ईजाद थी, उनके और हमारे युवा दिनों की हमको उनकी हिदायत कि भले घर का कोई ऐसा नहीं करता, जैसे लड़कियाँ लड़कों से दोस्ती करें और वापस!

पर कौन वे बात मानने के लिए पैदा हुए थे? न हम। वे हमेशा ऐसे रहे कि दुनिया पैदा हुई है उनकी सेवा करने के लिए। तो जुटे रहे, जगे रहे, फिरते रहे, बहन के दोबारा दरवाजा टाइट बन्द करने के बाद भी और माँ की भन-भन के बाद भी कि यही हैं इनकी स्वार्थी झक्खी आदतें, जो वजह है उसकी बच्चों के संग रिश्तों में कलह और खटास की, कि निरन्तर शर्मिन्दा होना पड़ता है उसे, कि जहाँ नहीं जलानी हो बत्ती जला देंगे, जहाँ नहीं बुझाना हो पंखे बन्द कर देंगे और सबको जगा देंगे, जो कामकाजी लोग हैं और सो रहे हैं और उनकी तरह बेकार और बेकाम नहीं, और बस उनकी ये सब न हो तो, वह भनभनाती।

ठेपी पड़े कानों पर। या एक से जाकर दूसरे से निकल जाने के लिए। जिस अन्तर्यात्रा के दौरान वे सिर यों ओ हो हो हो हिलाते जैसे तंग आ गए हों, पर आँखें उनकी फर फर चमकतीं, प्रफुल्ल अपने इस होने पर, जीने पर, अपने होने जीने के एहसास को खुद भी, दूसरों को भी, कराने पर।

घूमे वे छोटी-मोटी सैर पर अँधेरे में जो भोर थी, जिन्दा और फड़कते, और जरूर ही मूतते भी गाड़ियों की बोनेट पर, उस इमारत में रहनेवालों की, जो आए दिन चौकीदार से शिकायत भेजते अपनी मोटरों की इस बिनबुलाई धुलाई पर, माँ तक, जो छोटा-सा कुछ क्षमा याचना में कहती, लम्बा-सा कुछ झुँझलाने में, उस सारे दिन फिर।

तो जब आखिरकार माँ और बहन के लिए भी सवेरा हो गया, कुछ नया नहीं था उस दिन में वरन् सब कुछ वही पुराना उन्हीं की तरह। उन्होंने नौकरों को जगा लिया था, चाय पी ली थी, नाश्ता बनवा लिया था और वैसे ही लदड़ फदड़ बैठे थे पजामे पर अब भी गिलाई भरे, नाखूनों में अब भी कालिख भरे, जो अब भी बढ़ रहे थे।

मेरे नाखून काट सकती हो प्लीज, उन्होंने बहन से पूछा, जिसे अनायास इस टूटे बिखरे आदमी पर तरस आ गया जो उसके बाप थे और जिन्होंने अपने सारे बढ़िया दिन बदमिजाजी और तानाशाही में बिताए थे और अपने नाखून अपने मातहतों से कटवाने में और पत्नी पर हुक्म चलाने में। हालाँकि वह उस दयनीय मुद्रा और प्लीज का स्वर ओढ़ने की मक्कारी खूब पहचानती थी।

और अब मेरा गुसल, उन्होंने हुकुम चलाया जो उनका जन्मसिद्ध अधिकार था, जिसे पालना सबका एकमात्र कर्तव्य। जिसका मतलब था उनके लिए गरम पानी बाल्टी में भरना और उसके पहले कप में जरा सा हजामत के लिए रख देना, ताकि वे पुराने तरीके से ब्रश फच्च-फच्च चलाके दाढ़ी बनाएँ और उनके लिए साफ कमीज, पतलून, बनियान, जाँघिया, बिस्तर पर तैयार रख देना। जो काम शुरू से माँ करती आई थी और अब भी, पर अब निरी शिकायतों और चेतावनियों के साथ कि वे याद रखें अभी वक्त नहीं हुआ है और बस उन्हें है कि आगे-पीछे सब उनकी परछाई की

तरह नाचते रहें और नहाते ही वे माँगेंगे खाना और बस हर वक्त चाहिए उन्हें खाना खाना खाना और फिर बहेगा उनका पेट और सफाई उसे ही करनी है जैसे उसी के लिए वह है और वैसे उन्हें क्या पड़ी और कब पड़ी कि किसलिए वह है किसलिए नहीं।

घड़ी देख लें और बारह के पहले पानी न माँगें और डेढ़ के पहले खाना नहीं, उसने पिलाई।

है कहाँ मेरी घड़ी, वे शुरू हो गए अपने अगले शगल पर, रोज के, खुश कि लो फिर मिला जीवन में मकसद और दिया भी सबको–घड़ी-तलाश।

ले दे के वे खुश-खुश इन्सान थे। ये हमने कहा जब वे चले गए। पर पहले हम यही कहते कि बैठे रहते हैं बेकार, बेढंगे, बेढब, खुचड़, खूसट, अस्त-व्यस्त, अड़चन बने, किसी के लिए कुछ न करते और हर किसी से अपने लिए कुछ-न-कुछ कराते और बस केवल चिड़चिड़े-चिड़चिड़े।

जो वे नहीं थे। हम थे। वे–बाद में हमने कहा–अच्छे भले फिट थे अपने क्यों-इतना-सोते हो-तुम-सब-उठो-मुझे-चाय-चाहिए और कहाँ-है-मेरी-घड़ी-और-कहाँ-है-मेरा-बटुआ में।

यह भी एक मजाक। या उत्पात। असल तो उनका जीवन हमारे लिए या तो यह था या वह या दोनों गुँथे पड़े। मजाक और उत्पात।

उनका बटुआ। जो वे कभी नहीं खोते थे। और कुर्ता उतार के कमीज पहन के और पतलून उतार के पजामा चढ़ा के दो पल बस गँवाते उसे इधर से उधर फिर इधर खिसकाने में, पर जिसे खो देने, गिरा देने, लुटवा लेने के दुःस्वप्न वे बारम्बार देखते। हमेशा वह उनकी जेब में सँभला रहता मय उनके नाम पते के कि क्या मालूम कब, और मय सौ रुपिल्ले के जो शुरू होता था बतौर कागज के नोट के और फिर छोटा होता जाता सिक्कों में बदलते हुए, उतनी ही तेजी से जितनी तेज़ी से वे जलेबियाँ पकौड़ियाँ खाते रहते, उन बाजारों खोमचों से खरीद कर जो हमारे घरों के आसपास होते ही होते और उनके लिए निषिद्ध होते, इसलिए वे खनखनाते सिक्कों की बढ़ती तादाद को दबाए रखते कि हमें पता न चल जाए। जो कस के न दबाए रख पाते वह होता उनका पेट, जिसके खुलते ही सारी निषिद्धता बेकाबू खुले में फिसल आती। माँ सफाई करती और झिझकार पिलाती और

उन्हें हमेशा सच। बोलने को कहती। वे बोलते भी। सच। नन्हें बालक की तरह। कि तबियत ठीक नहीं लग रही और हाँ कुछ कचौड़ियाँ याद आ रही हैं खाई तो थीं और क्या मैं मर रहा हूँ? हम सच्चे मन से उन्हें सान्त्वना देते, नहीं, पर ऐसा फिर मत करिएगा वरना मर भी सकते हैं।

हम सबने कोशिश की थी कि उन्हें सौ रुपए न दें। देखो एक फूटी कौड़ी नहीं इसमें, वे शुरू करते, बटुआ कितना खाली है दिखा कर। फिर बन्द ही न करते कि कैसी घबराहट होती है, असुरक्षा का भाव आ घेरता है कि कुछ भी हो सकता है अकेले सड़क पर, रिक्शा भी नहीं ले पाऊँगा रास्ता भटक गया तो, न ट्रेन ले पाऊँगा बनारस के लिए जहाँ जाना है, न प्रसाद खरीद पाऊँगा हनुमान जी के लिए जिनके दर्शन के लिए वह हर मंगलवार को मन्दिर जाते हैं, और क्या यह बड़ी फख्र की बात है कि किसी का सारा पैसा उसके बुढ़ापे में छीन लो? चौकीदार को सुनाते, पड़ोसियों को सुनाते, लिफ्ट में साथ चलते अजनबियों को भी सुनाते। कि मुझे पैसा ही नहीं देते सब, न खाने को कुछ। हममें से कोई गुस्साता, कोई झेंपता और एक न एक हममें से--अक्सर माँ--ठन जाती कि होना ही चाहिए सौ रुपए का नोट उनके बटुवे में। यह देखिए, रख रहे हैं सौ रुपए इसमें, यह देखिए रख दिया, हम बताते, पर खर्चिएगा नहीं उन सड़ी गली मिठाइयों नमकीन पर, खराब तेल में तले, जो आपको बीमार करते हैं, हमसे कहिएगा, हम सादा साफ अच्छा घर पर बनवा देंगे।

सवाल ही नहीं उठता, वे सम्पन्न बटुआ जेब में रखते, वैसा कुछ ऊटपटाँग खाऊँ, न जाने घर की या बाजार की मिठाई के लक्ष्य में, भोली आवाज में।

अजीब था कि हम सब उनसे अलग-अलग उलझते और अपने निजी अनुभव से जानते कि दूसरे भाई बहनों को क्या भुगतना पड़ रहा है। मानो उनके प्रति हमारा त्रस्त भाव वह अदृश्य डोर थी जो हमें एक में बाँधे हुए थी और एक-दूसरे से अलग सही, हम सभी उसी पर डगमग लड़खड़ चल रहे हैं।

जिसकी एक गाँठ थी पेंशन। सिर्फ भाई, जो पिता जी की तरह सरकारी अफसर थे, उनसे चेक पर दस्तखत करवा लेते थे। हम बाकी

लाख दलीलें दें, खौफ छेड़ें, कि वे सकपका के साइन कर दें—बेबी की फीस जानी है, माँ को बनारस के लिए चाहिए जहाँ वह आपके साथ जाएँगी, आप ही कह रहे हैं आपके पास एक दमड़ी नहीं है तो फिर? पर वे माहिर थे और मानते थे कि बहुत है इधर-उधर और पेन्शन पर जमी धूल भी न छेड़ी जाए। और भाई हैं कि खास कुछ बोलते नहीं, बस दो साफ करें शब्द, जैसे कभी खुद उनका अन्दाज था, 'यहाँ साइन', और कलम उनके हाथ में पकड़ा देते और पिता जी तन्मय हो जाते यह जुगत लगाने में कि क्यों नहीं साइन करें पर उस तन्मयता की अनिश्चित घड़ी में उनका हाथ उनका न हो, भाई का हो, यों पराए हुक्म पर बाहरकत हो जाता और उनका नाम स्याही से उभर आता। पर हमारा भी कोई केस था कि हम सभी बारी-बारी से माता-पिता की जिम्मेवारी निभा रहे हैं तो हमारा भी हक है कि नहीं, फिर कैसे जायज कि भाई के पास हो पास-बुक, चेक-बुक सब? सामना नहीं करते बस भन्न-भन्न करते माँ के आगे, जो किसी-न-किसी बहाने भाई से अपने लिए कह कर पैसा लेती रहती और हममें से जिसे तिसे देती रहती पर बाप के आगे कभी नहीं जो और अकड़ जाते चेक को लेकर अगर उन्हें आभास होता कि सबके सब उसके फेर में हैं।

वे बस रहते रहे अपने बीते हुए आन-बान-शान के दिनों में और उतार के रख देते अपना दिमाग कुछ ऐसे कि जैसे दिमाग न हो हेल्मेट हो, जब वर्तमान से जुड़ जाने का पल आ जाता। और तो और वे आज भी बीस रुपया देते उपहार में, जब उनके कानों में पड़ता कि किसी का जन्मदिन, किसी की शादी की जयन्ती है, और बहन उससे चाकलेट ले आती जो उसका मूल्य था और आधा उन्हें देती जिससे वह उन्हीं की कोई जयन्ती, जलसा, त्योहार, का दिन हो जाता।

इस तरह चलते रहे बूढ़े पिता हमारे, चोरी की मिठाई खाते, चोरी के सपने देखते, हर तरफ बवाल फैलाते, खुद भी बवाल दीखते। पर खुद शायद अपने को बीते दिनों का रूपवान शहजादा ही देखते अभी भी, और अभी भी सर 'इधर आओ' निमन्त्रण में हिलाते, उन सारी महिलाओं को देख कर जो पन्द्रह से पचास के दरमियान की हों, और अफसोस की निरीह सी आह भी नहीं कि अब वे पच्चासी के हैं, अस्सी के भी नहीं रहे। चंद

दफे वे गिर चुके थे, कितनी दफे खो चुके थे पर दिल ने उनके धड़कन कभी नहीं खोई जैसे हमारे ने बार-बार खोई, और लगता ऐसा ही था कि हम हैं जो उनमें ठूँस-ठूँस के यह प्रतीति भर देना चाहते हैं कि आखिरकार वे हैं एक बेहद बूढ़े आदमी, यह जिद करके कि वे जब निकलें अपनी छड़ी साथ लें, जैसे ही वे घर से बाहर रखने को कदम उठाते। उन्हें वह कभी पसन्द नहीं था, उनकी छड़ी, और अपनी उसी अदा में कि हेल्मेट फिलहाल उतार के रख दिया है अभी, वे मरियल स्वर में कहते कि गिर पड़ूँगा उस पर टेक दी तो। गिरते नहीं पर टेक देते ही एक तरफ को वाकई ज्यादा झुक जाते और चाल और नजर टेढ़ी, बीमार-बीमार हो जाती। हो सकता है मुश्किल हो जाती थीं चोरियाँ जब एक ही हाथ बचता दोना लेने, पैसा देने, अपनी सारी, हाय सारी, इन्द्रियों को जगा देने के लिए, क्योंकि दूसरा हाथ तो वार्डन छड़ी की गिरफ्त में होता।

हाँ ठीक ही ठाक थे वे, पचासी और प्लस, और हमीं थे जो इस चिन्ता में कुढ़े जा रहे थे कि न जाने किस अधकचरी, आड़ी तिरछी हालत में खत्म होंगे वे और खत्म करेंगे हमें। हालाँकि यह भी लगने लगा था कि वे कभी नहीं खत्म होंगे और यह तो था ही कि ऐसा वे कभी नहीं चाहते थे और ऐसा कभी उनका इरादा न बना। हम चिन्तित रहते, उनके खत्म होने की बात पर नहीं, उसके ढंग की सोच-सोच कर, या यों कहें बेढंग की।

बैठे रहे वे बाहर सामने के बरामदे में, बहन ने कहा, शान्ति से ऊँघते, अपनी मन की करवा के अलसुबह, पर फिर भी चौकन्ने हल्की-सी भी हरकत पे, जिस पर वे शिकारी बाज की तरह एक आँख खोलते, चिढ़ के और जल के व्यस्त ऑफिस जानेवालों को देखते और हार मान के पर तसल्ली पा के भी कि दुनिया और उसके जीवंत कारनामे सलामत चल रहे हैं, आँख फिर वैसे ही बन्द कर लेते।

तभी का कोई लमहा था जब नौकरानी बाहर आई, अन्दर जाइए पिता जी और पजामे का नाड़ा बाँध लीजिए। पहले तुम इधर आओ, वे बोले, दाएँ-बाएँ फुर्ती से नजर घुमा के और बहन को रसोई की खिड़की से झाँकते न देख। आप उठिए यहाँ से, उसने कहा, जल्दी फिर नहाइए और फिर खाना खाइए, उसने उनकी मनपसन्द का लालच दिया।

पहले तुम्हें तो खा लूँ, वे लहराए, इस भ्रम में और भी बाँके कि वे अकेले हैं।

बस भी पिता जी, नौकरानी हँसी, हैरान भी, हलकान भी।

खुश हो जाओगी, बहन ने उन्हें अधखुले होठों से बुदबुदाते सुना।

हाय दइया पिता जी, नौकरानी झाड़न फटकती गई, मैं फिर कह दूँगी माता जी से।

कह देना, वे बोले, पर पहले आओ तो, वे बोले।

ऐसे क्या पहले भी उसने किया है बहन के मन में उठा जब नौकरानी ने मुँह बिचका के झाड़न कुर्सी के हत्थे पर डाल दिया और उन्हीं की जैसी चोर निगाह दाएँ-बाएँ मारी और उन्हीं के जैसे बहन को नहीं देखा, जो वैसे भी अब बेहतर छिपी झाँक रही थी और गई आगे इठलाते हुए एकदम करीब उस आदमी के पास जो बाप थे हमारे और नखरे से कहा अच्छा तो है क्या। उन्होंने अपना सिर उठाया, उसकी साड़ी का पल्लू अलग खिसकाया, और उसने उनके बूढ़े मरते सिर को अपने जवान छकाछक सीने पर दबा लिया।

ब्रा भी नहीं दीदी, उन मोटे खरगोशों को सँभालने, बहन हँसी और दौड़ी गई थी नौकरानी का नाम पुकारती। क्या चाहिए, उसने बाप से पूछा, जो अकेले थे, जब वह बरामदे में आई।

कुछ मीठा, पिता ने झिड़क कर कहा। कॉफी भी कड़वी थी। तुम सब जानते हो मुझे कुछ-न-कुछ मीठा जरूर चाहिए।

बहन ने उन्हें टाफी दी और वे चप्पलें फड़-फड़ करते अन्दर एक और की मंशा में आए, थैंक यू कहते, यह मीठी है हाँ, चभड़ चभड़ चूसते।

नीचे गए। कुछ नहीं हुआ। चौकीदारों के संग बैठ के गपशप हाँकी कि अफसरी में मेरा ओहदा इतना ऊँचा था और मेरा रुतबा इतना दमदार कि तुम कल्पना नहीं कर सकते। कुछ नहीं हुआ। लिफ्ट में उन्होंने लड़कों को शोर मचाने के लिए लताड़ा और लड़कियों की नमस्ते अंकल जी का मुस्करा के जवाब दिया और कहा आओ लस्सी पियो। कुछ नहीं हुआ।

वह तो जब वे नहा के निकले और पलंग पर पीठ झुकाए तौलिया लपेटे बैठे थे, बदन अधपुँछा, अंडरवेयर हाथ में ढीलमढाल पड़ा, सुस्ताते

हुए थोड़ा उसे पहनने के पहले, कि माँ को कहीं कुछ खटका या खटकना चाहिए था, वह बोली, घटना के बाद की सूझ से, कि एक काम से दूसरे काम तक जाने के अन्तराल में सुस्ताना तो उनका हर बार का तरीका था, पर यह कोई अलग थकावट थी, भारी सी, नहाने के क्रम के बाद, और दम नहीं था कि अगले काम के क्रम में वे खुद को सरका सकें, यानी कपड़े में।

और खिड़की भी खुली छोड़ गई है, माँ ने नौकरानी के बारे में कहा, जिससे ठंड लग जाए आपको गर्म पानी से नहाने के बाद और मेरा और कबाड़ा हो सके। बदलिए कपड़े झटपट और चलते बनिए यहाँ से, झाड़ लगाते हुए कहा, जो इन बरसों में उसका उनके संग का स्वर बन गया था।

उन्होंने धीमे-धीमे हामी में सिर हिलाया, बहन बोली, पर बोली कि सिर उठाया तो इसलिए कि पूछें हम हैं कहाँ? एक और उनका दिन-रात का सवाल जो वे कुछ इसलिए करते कि वाकई समझ नहीं पाते तेजी से बदल जाते मंजर को, जाने पहचाने एक घर से कभी भी, जाने पहचाने सही, पर दूसरे घर में खुद को पाकर, और अगर उस दौरान उन्होंने हेल्मेट उतार दिया होता और उस समय से परे अनंत में उतर चुके होते, तो फिर भटके-भटके नहीं, एकदम सरबसर गायब से। पर कुछ इसलिए भी पूछते कि जीवंत कड़ी बने बातचीत की, सम्पर्क की, जो दिखे, सुनाई पड़े, जुड़े, जिए पुरजोर, इर्द-गिर्द लोगों के साथ।

आप जानते हैं बनिये मत, माँ ने लताड़ पिलाई।

हाँ, वे नर्मी से बोले और जैसे कक्षा में लड़का जुबानी टेस्ट दे रहा हो जवाब देते हैं, मोहन के यहाँ।

जो मौत के पहले का उनका पहला सलोना भाव था, हमने बाद में कहा। कि बहन का न कह के, उस घर को बहन के पति का कहना। जबकि उनका कायदा तब तक का यह था कि हर चीज जो वे छूते, इस्तेमाल करते, उनके वंशज, उन्हीं के खूनवालों की होती, बल्कि असल में खुद उनकी, जो उनके बच्चे इस्तेमाल कर रहे हैं।

उसके बाद, माँ बाद में याद करती रही, उन्होंने पूछा, जब उन्हें अंडरवेयर की याद दिलाई गई कि अरे, अचानक आवश्यक खयाल की

कौंध पर जैसे, राम और उसकी पत्नी कहाँ हैं? जिससे उनका तात्पर्य था मैं! पहली बार रिश्ते की इस पलट में, जहाँ उनके खून का नाम नहीं था और अब तक पराए दामाद से मिले अस्तित्व से परिभाषित हो रहा था। इस तरह एक और दम्पत्ति को आदर देते हुए जिसे अब तक वे अनदेखा करते या दुत्कारते थे। वे जापान से लौट आए, उन्होंने पूछा, जिससे समझ आ गया कितना वे जानते हैं जिसके प्रति नासमझ बनते हैं। उन्हें बुला लो वे बोले, उसने, यानी मैंने, ठीक ही किया है, शादी अच्छी है, मोहन पैसे, शिक्षा से सम्पन्न है और उसे, यानी मुझे, विदेश की सैर कराता है और वह, यानी मैं, जरूर लाई होगी वह जापानी मिठाई जो सेहतमंद है और ज्यादा शीरीनी नहीं और तुम्हें पता है मुझे मीठा चाहिए ही चाहिए, कुछ और न हो तो गुड़ की ढेली दे दो या चीनी फाँक लूँ।

कुछ-न-कुछ वे बोलते गए और अपना अंडरवेयर पहनने को उठाया, पर बहुत ही मंथर गति से, जब बहन अन्दर आई और देख पाई उन्हें सिर लटकाए पलंग पर जस के तस बैठे।

कमजोरी आ रही है, वे बोले, उसने कहा, जब वह बोली पहन के जाइए न, दूसरे कमरे में बैठिए।

क्या है, उसने पूछा, हमेशा हम सबमें सबसे ज्यादा दयालु उनके साथ, सबसे छोटी का लाड़ पाने के नाते शायद।

मुझे भूख नहीं है, वे बेतुक बोले, जो एकदम सकते में लानेवाली बात थी, सधे, सँभले सन्तुलन को, एक बार में ढेर कर दे, ऐसी। कि उन्हें भूख नहीं!

पेट में कुछ? बहन चिन्तित हुई।

सीना, वे बोले।

चेकअप करा लेना चाहिए बहन ने मुलायमियत से माँ से कहा और अफसर भाई को फोन किया जिन्होंने चुटकियों में ड्राइवरों, डॉक्टरों, सेवकों की फौज एक्शन के लिए तैनात कर दी। माँ के पास आ जाइए बहन ने मुझे फोन किया और पति को साथ ले आए माँ ने पास से हिदायत दी, वे पूछ रहे थे।

ऐसे ही चलिए बहन ने कहा पर पिता जी को बेल्ट चाहिए थी, जूते, मोजे, पतलून, कमीज भी और बिला शक बटुआ और घड़ी भी और वे ड्राइवर का हाथ झटकते गए गाड़ी तक लड़खड़ाते चलते पर भाई का हाथ नहीं।

और फिर वे चले गए।

बहन की गोदी में सिर रखा और धेवते का हाथ पकड़ा और भाई से, जो आगे बैठे थे कहा, बेटा जल्दी यह मामला निपटा दिया जाए क्योंकि सारी फैमिली परेशान है, रुकी है, उर्मी, (यानी भाई की पत्नी), तुम, मोहन, उसकी पत्नी, (यानी बहन), इसकी बहन (यानी मैं), राम, अनु, (यानी छोटे की पत्नी), छोटे, डॉली, बेबी, रग्घु सब। सबको जैसे एक गिनती में याद करके अपनी थैली का एकबारगी चट्टे-बट्टे बना देने की मंशा से। अपनी पत्नी का नाम उन्होंने नहीं लिया।

बस आँखें बन्द कर लीं जैसे जानते थे कि अब उन्हें जहाँ ले जाना चाहिए ले जाया जाएगा सुथरेपन से और इज्जत से, उस पूरे औपचारिक सम्मान से जो एक ऊँचे पद के शक्तिमान अफसर का हक है।

इमरजेन्सी वार्ड में उनकी कोई जरूरत नहीं थी, न आई सी यू में, जब वे पहुँचे और सारे डॉक्टर, बड़े और छोटे, जो बीच कामों को छोड़ कर पलट के दौड़े आए थे ठीक वापस पलट गए, अपनी नर्सों की टोली और दवा दारू के तामझाम के साथ। और वे...

हाँ वे भी ठीक वापस पलट गए, बेल्टयुक्त, टाईयुक्त, बटुवायुक्त, छड़ीयुक्त, सौ रुपिल्ले के बचे फुटकर जेब में भरे, जिनकी टनटनाहट किसी को सुनाई नहीं पड़ी, इतने वेग से, सफाई से, सब कुछ के हो जाने पर, सब कुछ के होते जाने पर।

हमने माँ को घेर लिया जब निरे हाथ उन्हें उठा कर बगल के कमरे में ले गए जहाँ वे माँ के संग रहते थे, जब भाई के पास होते। जिस कारण माँ उन्हें देख नहीं पाई और बस बुदबुदाती हममें से किसी को भी देख कर कि मैं आजाद हो गई, जिम्मेदारी से बरी, जहाँ चाहूँ जाऊँ। बुदबुदाती रही, उसकी आँखों का रंग उसकी साड़ी से फीका।

हम सब वहीं थे, दौरे आदि पूरे करके और सब एक साथ, क्योंकि एक-एक को याद वे करके गए थे। बारी-बारी से हम गए उस कमरे में

जहाँ वे सो रहे थे, शर्ट पतलून में कसे, आँखें बन्द और जिस्म का कोई हिस्सा, न जबड़ा, न पुतलियाँ, इधर-उधर बेढब बेढंगा लुढ़का झूलता, बेल्ट ढीली कर दो, भाई ने बहन से कहा, पूजा के बीच जो वह कर रहे थे, उनकी बगल में बैठ जो लेटे थे। हम सबने उन्हें छू भी लिया, हल्के से, पाँव या माथा, क्या पता अपने खून से जुड़ के या किसी और जुड़ाव के कारण, एक बदमिज़ाज बदज़ुबां आदमी से, जो उसी पल में विजड़ित हो गया था, न जाने कैसे स्नेहिल बन, या क्या मालूम उसे पूरे अलग दूजे आदमी के जीवन को छुआ जो जा चुका था और पूरी तरह जा चुका था, कोई आभास पीछे न छोड़ कर, यादों के सिवा, जो भी बदलनेवाली थीं, उस राख में, जिसमें वह बदल जाएगा, सूर्यास्त के पहले। बह जाएगा, उड़ जाएगा, गंगा में और हवा में और गया, एकदम गया, हमेशा के लिए गया। हाँ हो भी सकता है हमने उस आदमी को छुआ जो हमारे आपस के रिश्ते से अलग कोई था, हमसे मिलती पहचान से जुदा, जिसने कोशिश की, भोगा, भुगता, पाया, सूख गया। हमने जीवन के ओज को छुआ और अपने लिए उम्मीद करी उस हल्के स्पर्श में।

हम सबने सिवाय माँ के, जिसने न देखा न छुआ, क्योंकि वह नहीं जान पाई कि वे लौट आए हैं और उसे सूझा नहीं कि पूछे और सोचे कि कब कहाँ लौटेंगे, जो अब तक नहीं आए?

उसने तब भी नहीं देखा जब हम सबको वहाँ से निकाल दिया गया उनके आखिरी रस्मी नहान के लिए जो बड़ा बेटा कराएगा और बाद में हम मन-ही-मन उन्हें देखते रहे धीरे-धीरे अपने सारे भौतिक वस्त्रों से एक-एक करके मुक्त होते जाते जब हमने उनके दाँत और बटुआ और बेल्ट देखे जो मन्दिर को या पवित्र नदी को भेंट हो जाएँगे।

वह तो जब पुरुषजन उन्हें कमरे से लेकर निकले अर्थी पर लिटा कर, अब नए नवेले से चमकदार सफेद चादर में लिपटे, कि माँ चेती और चीख पड़ी कि एक बार देख तो लेने दो। हम भी चेते और वह अकेला अस्त-व्यस्त हड़बड़ खड़बड़ पल था उस दिन जो उन्होंने दिया, जब हम सब-के-सब, पूरा संयुक्त परिवार अचानक समझ गया कि माँ को तो पता ही नहीं था वे बगल में आ गए थे और हम सब के दिल का टुकड़ा हमारे

मुँह को उछला और हम सब चीखे एक सुर में रुको रुकिए, कुछ हममें से अर्थीवालों को पीछे खींचते हुए और बाकी माँ को आगे ढकेलते हुए और उस सारे कोलाहल में पुरोहित, औरतों के लिए सदैव अधार्मिक, गरजता हुआ कि नहीं पीछे नहीं मुड़ा जाएगा, उनकी शुद्धि हो चुकी है, औरत की निगाह उन्हें अशुद्ध कर देगी।

पर भीड़ ने हमेशा धर्म और नैतिकता की दुहाई को ललकारा है और भाई ने अर्थी नीचे की और उनके चेहरे से चादर धीरे से माँ के लिए हटाई और वे लकदक नए सफेद पजामा कुर्ता में दिखे जो उन्हें ले जाएगा लपटों पर सवार करके कहीं तो।

छोड़कर पीछे एक हांड़ी में मुट्ठी भर राख बस जो नहीं जान सकती, कैसे जान सकती कि वह उतरेगी रेलगाड़ी से वाराणसी धाम पर और बन्दूक की सलामी पाएगी उस आदमी के उपयुक्त जो वे कहते थे वे हैं और चुस्त अफसरी काफिले में जाएगी अर्पित होने, हमेशा के लिए गंगा में अन्तर्ध्यान हो जाने, एक यात्रा में धरती से, आग से, पानी से अनन्त तक की।

बहन की आँख में आँसू आ गए जब उसने उनका पहना हुआ अंडरवेयर बाथरूम में टँगा देखा, उस दिन का जब वे नहा कर बैठे थे धुलेवाले को अपने थके हाथों में देर तक पकड़े हुए। लावारिस पड़ा, किसी का नहीं। बेकार लगता है, वह बोली, किसी का नहीं और हम हँसे जब हमें याद हो आई एक और रात जब उन्होंने अपना अंडरवेयर गन्दा कर लिया था और किसी को बन्द दरवाजों के पीछे से खट खट खट खट करके नहीं निकाल पाए और खुद ही अपनी गन्दगी से निपटना पड़ा। सुबह वे सोये मिले सारे कपड़े और गन्दा अंडरवेयर एक ढेरी में फिंके और उनकी देह बिस्तर पर बिछी चद्दर में लिपटी। उनकी देह, उन झूलते गोलों को बाहर छोड़ती हुई, जो फूल गए थे प्रोस्टेट से। वे उठे थे रोमन बादशाह के जैसे लिबास में, चादर की चुन्नटें कमर पर और कन्धे पर और वह हिस्सा उनकी बादशाहत की नाप का, अलग झूलता, जिस पर हम हँसे और बेवकूफ खयाल पर और ज्यादा, कि वहीं हमारी शुरुआत है।

हँसे हम सब, सिवाय माँ के जो बैठी रही उतनी ही बेकार जितना वह अंडरवेयर जिसने बहन को रुलाया था। भाई ने माँ से कहा प्राइवेट

कम्पनीवाले दामाद से पैसा माँगे और यह भी कि पिता से थोड़े से ब्लैंक चेक साइन करा लेने थे, अब फौरन पैसा कहाँ से आएगा और काफी रुकना पड़ सकता है विधवा की पेन्शन का सिलसिला शुरू होने तक। मैंने मौका देखकर माँ को याद दिलाया कि उसकी दो रंगीन बनारसी जरी की साड़ियाँ जो मैंने पहले से कही थी मैं लूँगी, उन्हें न भूले। उनकी चीजें जो काम की हैं, काम में लाई जा सकती हैं, को रख लेने की मेरे पति ने रीति बताई और हम सब, जो एक-दूसरे से मिलना देखना बन्द किए हुए थे, मिलकर, उदारता और अनुकम्पा और आपसी सद्भाव से, उनकी बढ़िया फोरेन कमीज़ें और घड़ी और आदि आपस में बाँटने लगे, जो वैसे भी हमीं उनके लिए लाते रहे थे। सच्ची, हम सब साथ-साथ मेजबान बने और शोक करने को आए मेहमानों को मिलकर नमस्कार करते और माँ के पास ले जाते।

जो पता नहीं क्यों कुछ बोल नहीं रही थी सिवा इसके कि अब वह आजाद है, कोई जिम्मेदारी नहीं, बोझ नहीं। चैन से या शिकवे से, दुख से कि कड़वाहट से, शहादतपन से कि काइयाँपन से, कौन पूरी तरह भाँप सकेगा? हमने देखा उसे फूहड़पन से बैठे—क्योंकि तेरह दिन तक, जब तक जानेवाले की आत्मा घर में ही विचरती है, उसे अपना दुख अपने रोम-रोम पर बिठाना था, दाँत न माँज कर, नाखून न काट कर, बाल न बना के, न धो के, न नहा के, न सज के, बिस्तर पर न सोके, कुर्सी पर न बैठ के, न खा के उस कौर से आगे कि बस मरे नहीं, न हँस के, न बोल के, बस बन के वह अभागन विधवा, जो अपशगुन की तरह थी जिसका पति उससे पहले मर गया था इसलिए एक तरह के पवित्र पारम्परिक सोच के अनुसार उसने उन्हें मार दिया था, अपनी लिप्सा और लोभ से, जीने के मोह से और अब बस प्रायश्चित करे, करती रहे,—गुजमुज रंगहीन धोती में लिपटी, बाल बिखरे, नाखून पंजे शिकंजे-से, बैठी हुई कमरे में जो कभी चुस्त और चमकदार था, अब उसकी साया से मलिन, कलुषित, सब कुछ हटाके सिवाय एक मुड़ी घुची चादर के, जो फर्श पर पड़ी पुरानी दरी पर बिछी थी। दया से और संशय से हमने उसे देखा जो वहाँ कोने में बैठ गई थी और बैठी रही जैसे वहीं गड़ गई हो और कभी अब वहाँ से नहीं टलेगी।

●●●